Cascade AVENTURE

COLLECTION

Cascade

PIERRE PELOT

LES LARMES DE LA JUNGLE

RAGEOT - ÉDITEUR

« Si ma mort pouvait renforcer notre lutte, cela vaudrait la peine de mourir. Mais l'expérience nous enseigne le contraire. Je veux vivre. Une manifestation et un enterrement ne sauveront pas l'Amazonie. » « Chico » Mendes
(*Jornal do Brasil*, décembre 1988)

« Si vous me poursuivez en justice, et si vous gagnez, vous pouvez commander votre cercueil. »
(Lettre d'un propriétaire terrien au président du syndicat agricole de Pancas, en septembre 1986. L'homme est tué le 5 février 1988.)

Couverture : MORGAN
ISBN 2.7002.1130.8
ISSN 1142-8252

Loi n° 49 956 du 16-7-1949 sur les publications destinées à la jeunesse.

1

C'était le 21 décembre.

L'homme était là depuis trois jours. Il était descendu d'un avion – il n'était pas de ceux qui voyagent par le fleuve. On avait vu sa silhouette mince et voûtée, sur le bord de la piste, dressée au-dessus des flaques brillantes, dans la lumière grise. Puis le ciel s'était renversé. L'homme maigre avait couru, sans grâce, avec raideur, le geste hésitant entre son chapeau et son sac de marin qui glissait de son épaule.

Les gens viennent, par les airs ou par le fleuve, quelquefois même à travers la jungle ; ils prennent place, ils ne disent rien, ou ce qu'ils veulent, quelle importance ? La raison évidente pour laquelle ils sont ici, sur la piste de Dovera ou sur le *garimpo,* c'est l'or. C'est tout simplement l'or. *Ouro.*

Celui-là, cet homme à la silhouette mince et plate, au visage osseux, n'a pas cessé de dire qui il était, ce qu'il voulait, ce qu'il était venu faire sur le *garimpo* Dovera. Son nom - avait-il dit - était Juan Feirra. Mais tout le monde l'appela « el periodista » - le journaliste. Tout le monde, même les filles du bordel au bord de l'eau, quand elles eurent compris que *caro mio* ne lui convenait guère et qu'un tel homme, avec un regard tellement silencieux pour des lèvres qui ne l'étaient pratiquement jamais, ne serait pas de leurs clients.

Il était donc journaliste, travaillait pour *Manchete* et faisait un papier sur les chercheurs d'or. Non seulement ceux du rio Jurua, mais tous ceux des *garimpos* en activité les plus connus de la *Regiao Norte*. Dovera était récemment sorti de la jungle, avec sa piste en bord de fleuve, d'à peine deux cents mètres de long, taillée dans l'épaisseur de la forêt.

Le journaliste était allé partout où ses pieds pouvaient l'emmener, en trois jours, sur la piste et ses alentours. Et, bien sûr, du côté des dragues bruyantes sur le fleuve, en aval, comme du côté des trous dans la boue de la forêt. Il était descendu dans les excavations, il avait parlé à tout le monde ou presque, il avait écouté tout le monde ou presque.

Il avait écouté les filles qui avaient accepté de se faire photographier, sauf Inès, et lui avaient raconté leur vie. Elles avaient toutes été secrétaires à Manaus ou Belém, et même une de Joao Pessoa, elles avaient toutes déjà connu au moins un *garimpo* dans leur carrière avant d'échouer ici, sur le Jurua, locataires d'une chambre dans l'établissement de Manolo Desterro...

Il avait écouté Manolo Desterro, propriétaire du seul bâtiment protégé par des barbelés et une enceinte de grillage – le bordel –, ainsi que de la piste, construite sur un morceau de terre acheté pour une poignée de *cruzados*.

Il avait écouté Véronica, qui vivait avec Manolo et s'occupait des autorisations d'atterrissage qu'elle communiquait par radio aux pilotes des avions.

Il avait écouté des pilotes et des *caboclos* avachis dont la principale occupation consistait à rouler des tonneaux en travers de la piste si un avion tentait de s'envoler ou de se poser sans l'autorisation de Véronica.

Il avait écouté des *garimpeiros*, et encore des *garimpeiros*.

Le journaliste repartait demain. Il avait rendez-vous avec un pilote nommé Jorge Meijido, qui devait livrer une cargaison de tonneaux de fuel pour les dragues et repartirait aussitôt.

– S'il ne s'arrête pas au bar, dit Ernesto le dentiste, en souriant largement et en agitant à petits coups son verre de *pinga*.

Un peu à l'écart, il y avait Enrique, un *cafuzo* massif au front bas serré dans un foulard, assis par terre, adossé à un piquet de la rambarde de la terrasse ; les reflets de l'eau jouaient sur la peau noire de ses épaules.

– C'est Jorge, le pilote ? dit Enrique.

De sa main qui tenait la bouteille, il chassa pesamment une mouche volant devant son nez.

– Jorge Meijido, oui, dit Feirra, le journaliste.

Une bâche était tendue en auvent au-dessus de l'échoppe d'Ernesto. La lumière, à travers la toile kaki, prenait plus d'épaisseur encore. Et la chaleur aussi – comme si, tombée tout droit du ciel, elle s'accumulait dans le giron de toile pour rayonner en dessous à la manière d'un gril. Sur tout le pourtour de la bâche, Ernesto avait accroché une guirlande électrique de petites ampoules multicolores, qu'il allumait la nuit venue.

Ernesto dit :

– Je vais rester. Je me suis demandé. Je me suis dit : est-ce que tu retournes en ville, pour Noël ? Et puis... ay, à quoi bon ? Noël, c'est ici aussi, non ? Dommage que vous partiez demain, non ?

– C'est dans trois... quatre jours, c'est ça ?

– Si.

Enrique avala bruyamment une gorgée d'alcool lampée au goulot de sa bouteille.

– Je ne peux pas, dit le journaliste, avec une grimace de regret.

– Ce sera un grand article ? demanda Ernesto.

– J'espère.

– Et vous allez parler de nous ? De nous tous ?

Le journaliste acquiesça, en souriant brièvement.

– Même de Enrique ? dit Ernesto.

– Qui sait, dit le journaliste – et il cligna de l'œil à l'adresse d'Enrique.

– Seigneur ! dit Ernesto le dentiste. Et demain ? Vous partez pour écrire un autre article ?

– C'est ça.

– Dans un autre *garimpo* ?

– Pas exactement.

– Vous allez passer les fêtes de Noël en ville ? Chez vous ?

– Pas exactement, dit le journaliste.

Il hésita. Les deux autres attendaient.

– Je vais à l'autre bout du pays, dit-il. Dans la province de l'Acre.

Ernesto poussa un gloussement bref. Il échangea un coup d'œil avec Enrique.

– Vous aussi ! dit-il.

– Moi aussi ? Pourquoi ?

– Comme ce jeune type qui est ici, dit Ernesto. Il dit qu'il veut aller là-bas retrouver son père. Il dit qu'il veut aller à Xapuri, dans cette forêt pourrie, le pays de ce *seringueiro* dont on parle à la radio et à la télévision, ce saigneur d'hévéas, vous le connaissez ?

Voilà comment Juan Feirra entendit parler pour la première fois de Joa.

– Son père ? dit-il.

– C'est un fou, décréta Ernesto, tout sourire. Un jeune fou. Vous ne l'avez pas vu ? Vous ne l'avez pas rencontré, en trois jours ? Vous n'avez pas entendu son histoire ?

– Non.

– Il ne vous a pas mis la patte dessus pour vous demander de l'emmener avec vous, quand vous partirez ? Il le demande à tout le monde. Il l'a même demandé à Enrique, pas vrai, Enrique ?

– C'est vrai, dit Enrique.

Et puis le ciel se renversa brusquement, comme chaque jour à cette heure, et ils restèrent un moment sous la véranda de bâche, à regarder tomber l'eau dans l'eau, et la surface de la rivière se transformer en quelque chose de dur et de terne, de hérissé. Quand la bâche, sur leur tête, tendue comme une panse, commença de percer, ils rentrèrent dans la maison, en emportant les verres, la bouteille et la glacière.

Ernesto alluma la guirlande. Il y eut un court-circuit, une fois de plus, ce qui le fit jurer comme un diable, sans cesser de sourire.

2

Cela ne dura certainement pas le temps de la chanson diffusée par le poste de télévision aux piles neuves, changées la veille, dans la cabane voisine de Vinc Arheno : un vidéo-clip de Xuxa. La musique syncopée tressautait comme une méchante petite cascade de crachotis métalliques, parmi les cris des singes et des oiseaux, rebondissait sur la lente glissade de l'eau sombre...

Mais à un moment, quelqu'un dut couper le son du poste – Joa n'aurait su dire quand, n'aurait su dire à partir de quel moment il cessa d'avoir conscience de la musique. Les choses autour de lui, et lui avec, et la chanson de Xuxa qui sautillait sur le fond sonore, furent emportés comme dans un brutal et soudain tourbillon.

– Prends le fusil ! cria Sylvano.

Il n'en finissait pas de répéter la phrase, plaqua rudement l'arme contre la poitrine de Joa, dans ses bras. Le choc fit reculer celui-ci d'un pas, et presque vibrer le sol de planches sur les pilotis tremblants.

– Sylvano !

Mais le vieil homme n'écoutait pas. N'entendait plus rien, sinon le bruit des moteurs qui approchaient, si bas qu'on aurait pu croire qu'ils appartenaient à des bateaux. La sonore respiration de la forêt se mêlait à celle du fleuve haut.

Et puis le ronronnement des hélicos, bientôt ce mauvais rire mécanique de leurs rotors, *flapflapflap,* bientôt le souffle rond de leurs pales, arrachant les feuilles et des morceaux de lianes, et ils se poseraient peut-être sur l'eau. Ce ne serait pas la première fois. Avant les hélicos, il y avait eu les bateaux, les canots de caoutchouc gonflés comme des boudins, bourrés à en couler de *jagunços** au regard de pierre, silencieux, le doigt sur la détente de leur arme...

– Prends la pirogue ! Vite ! Va te cacher du côté du fleuve, du côté de l'eau, vite !

En parlant, Sylvano tira la machette de

* *Hommes de mains, tueurs.*

l'étui de bois accroché à sa ceinture, sur ses reins. Mais que pouvait-il espérer d'une machette, et qui plus est d'une si vieille lame, si usée, face aux hélicos. Pourquoi ne gardait-il pas au moins le fusil ?

Il répondit avec un sourire grimaçant, comme s'il se livrait à une bonne plaisanterie :

– Ils n'aiment guère les gens avec des fusils... Dépêche-toi ! Fais vite, Joa, mon garçon.

Ses cheveux mouillés, gris, tombaient de chaque côté de son visage maigre strié de rides profondes. Les dents de devant de son maxillaire supérieur manquaient, et pas mal de celles d'en bas. Avançant la lèvre inférieure, mâchoire tendue, il souffla vigoureusement ; cela fit voler ses cheveux, dispersa des gouttelettes d'eau brillantes. Une terrible expression de pur désarroi était tombée sur son visage et s'était incrustée dans ses traits.

– Va, Joa. Vite ! Vite !

Les hélicos devaient se trouver au-dessus du débarcadère, à la pointe nord de la *Tierra do Papagaio*. La dernière fois, ils avaient fait plusieurs courbes de ce côté-là, survolant les barges et les cabanes vides, abandonnées, des passeurs.

Il descendait dans la pirogue quand la voix bizarrement cassée et rêche de Vinc Arheno s'éleva :

– Emmène Irma avec toi, Joa !

Et il entendit le pas rapide de la jeune fille, ses pieds nus sur les planches mouillées ; il entendit grincer brièvement la planche de communication entre les deux cabanes sur pilotis... puis la respiration d'Irma, tandis qu'elle passait derrière lui. Quand il tourna la tête, elle se trouvait dans le *peque-peque*, ouvrant l'arrivée d'essence et tirant le démarreur...

Sur le seuil de sa cabane, Vinc Arheno, torse nu, tenant son fusil de chasse d'une main, cria quelque chose à l'adresse de Sylvano. Joa ne comprit pas. Il y avait en plus, maintenant, le bruit de tacot du Straton.

À la seconde où Joa détachait l'amarre de vieux cuir poisseux, l'embarcation se décollait des pilotis, avec une secousse qui faillit lui faire perdre l'équilibre. Il s'accroupit vivement. Il n'aurait pas été étonné de lire sur les lèvres d'Irma un petit sourire amusé, même en ces circonstances – il ne prit pourtant pas la peine de vérifier.

Elle tenait la barre, avait poussé sans attendre le vieux moteur à plein régime. Il ne lui faudrait pas un quart d'heure pour les mener à l'abri sur le flanc nord de l'île, dans le fouillis labyrinthique de la fausse mangrove inondée par la crue régulière. Dans ce fatras de végétaux ébouriffés dont on n'aurait su dire s'ils jaillissaient des eaux ou s'ils y plongeaient, la benjamine de Vinc Arheno se trouvait parfaitement à son aise, dans son élément, au cœur de l'univers quotidien de ses seize ans. Joa lui faisait entièrement confiance. Elle guiderait le *peque-peque* avec une habileté et un naturel qui semblaient exclure tout effort, comme si l'instinct, et lui seul, la dirigeait, évitant les méchants remous et précipitations brutales de courants, les embâcles de racines, contournant les lianes tendues depuis le dessous de l'eau vers les cimes emmêlées, comme de vrais barreaux, et puis crevant sans hésiter les rideaux de feuillures, d'herbes, de mousses, plus opaques que des murs et qui se traversaient pourtant comme des fumées...

Mais la pirogue n'avait pas achevé son demi-tour sur le fleuve boueux que les hélicoptères surgissaient, crachés par le ciel. Deux hélicos. Deux monstres que la lumière déclinante du soir peignait en tons d'une rouille étrange, étincelante, et sur les ventres desquels les reflets de l'eau fouettée dessinaient des ondulations qu'on eût dit nées dans le métal. Le vacarme emplissait la clairière, le ciel, montait du fleuve, et faisait ployer la cime des arbres.

Dans ce bruit-là, Joa n'entendit pas l'autre. Celui des fusils-mitrailleurs. Mais il vit nettement les silhouettes des tireurs, penchés aux portes ouvertes des appareils. Il les vit dans les deux hélicos, dont un seul prit la rivière pour cible – l'autre s'occupant des cabanes sur la rive.

Les flammes claquèrent aux canons des armes, dans un curieux silence – ou plus exactement un bruit en négatif imprimé dans le boucan des moteurs. L'eau du fleuve se souleva sous la ligne d'impacts, en une succession de geysers d'un mètre de haut, au moins. Une secousse violente secoua le *peque-peque.*

Il entendit crier Irma et la reçut violemment en plein milieu de son dos. Il s'agrippait de toutes ses forces au fusil, rien d'autre, il voulait simplement ne pas le lâcher, ne pas le laisser tomber dans l'eau. Il coula, l'arme serrée contre sa poitrine.

Dans l'eau brune bouillonnante, cerné de bulles lumineuses, il prit vaguement conscience d'un coup, sourd, qui l'atteignait au flanc. Il se dit qu'une balle venait de le toucher, et il attendit la douleur. Il avait les yeux ouverts... et la bouche aussi.

Un grand sursaut secoua Joa. Il agita ses jambes de toutes ses forces – ses dernières forces ? Une pensée de feu lui embrasait la tête, et il ne pouvait la chasser : « C'est la première fois qu'ils tirent ! »

La première fois qu'ils tiraient, oui, ainsi qu'ils en avaient fait la menace plus d'une fois. Et voilà, c'était fait. Les soldats étaient montés dans des hélicop... non, pas les soldats. Ce n'était pas des soldats, mais des gens de l'INCRA*, et l'INCRA c'était le gouvernement... mais pas les soldats...

La pensée de feu le tira à la surface. Il avait la tête comme un brasier. D'autres coups lui frappèrent les jambes, et alors, toussant, crachant, il s'aperçut que c'étaient des coups de pieds que lui donnait Irma. Elle le tenait par la chemise. Il serrait toujours le fusil contre sa poitrine...

– Nage, abruti ! hurla-t-elle.

Il l'entendit très distinctement. Au-dessus de sa tête, le ciel était vide, couleur de vieux cuivre. Les premières gouttes de pluie piquaient l'eau du Madeira.

Non, bien sûr que non, cela n'avait pas duré le temps d'une chanson.

* *Institut national de la colonisation et de la réforme agraire.*

3

Les trois baraques de planches sur leurs plates-formes branlantes et leurs pilotis grinçants, aux toits de tôles bleuâtres baveuses de chiures de rouille, se tenaient serrées l'une contre l'autre, reliées entre elles par des passerelles amovibles, quand les plates-formes ne se touchaient pas. Au temps des hautes eaux, la surface du fleuve glissait à moins d'un mètre sous le plancher des abris.

La cabane centrale était plus vaste et un peu plus haut perchée que les deux autres. Ses murs avaient reçu jadis une couche de peinture – trois murs bleu ciel, le quatrième rose. C'était la maison de Vinc, le *posseiro* : il avait pris possession de l'île bien des années auparavant, et lui avait donné ce nom, parce qu'à l'époque les arbres étaient couverts de perroquets. *Tierra do Papagaio.*

Dans la maison de Vinc, à présent, la lumière provenait d'une ampoule électrique. La ligne était branchée sur accus, le générateur se trouvait sur ses propres pilotis, relié au logis par une de ces passerelles ployantes et craquantes que seuls les chats semblent capables d'emprunter sans tomber. Dans les autres cabanes – celle des *vaqueiros* et celle de Sylvano – c'étaient des bougies et des lampes à pétrole qui brûlaient. La lumière filait par les carreaux des fenêtres et les portes ouvertes ou simplement entrebâillées sur des rideaux mal tirés, elle glissait en fils dorés par les interstices des murs et sous les bords des toits de tôles.

La pluie flagellait les tôles, accompagnant la rengaine des crapauds et grenouilles, les piailleries des oiseaux, les jacassements des singes énervés par l'orage. Les plus violents éclairs étaient passés au-dessus des têtes et déchiraient le ciel au nord-ouest, bien loin, comme pour écarteler davantage son horizon barbouillé.

Les ombres mouvantes passaient et palpitaient sur le rideau trempé de la porte, celui de la fenêtre, dans la baraque de Sylvano Reiza. Les ombres n'occupaient que cette maison-là : au rideau de porte et aux fenêtres des deux autres, rien. Les pleurs aussi ne provenaient que de la maison de Sylvano Reiza.

Il y avait de longs éclats de bois arrachés aux poteaux de la véranda, comme des plaies blanches dans la nuit, ainsi qu'à la plateforme, à côté de l'échelle au barreau supérieur - le seul émergé - brisé. Des trous sans forme déchiquetaient la tôle de l'avant-toit.

Le méchant éclairage de la lampe à gaz mourante, comme celui de la lampe à pétrole au verre noir, était traversé d'ombres de papillons qui dessinaient des monstres sur les murs.

Ils étaient tous là, de la buée s'élevant de leurs vêtements trempés avec la fumée de leurs cigarettes sur lesquelles ils tiraient nerveusement. Tous là : les *vaqueiros*, Vinc, les femmes, Mame et Eliçia, Joa et Irma. Et bien entendu Sylvano.

Ils ne l'avaient pas couché dans son hamac, mais sur le sol, sur la toile cirée retirée de la caisse où le moteur de la seconde pirogue attendait en pièces détachées, depuis des semaines. Ils l'avaient recouvert de sa couverture. Vinc disait qu'il valait mieux ne pas le bouger inconsidérément.

Il était étendu là, éclairé en plein par une des lampes posées à son niveau, par terre. Pâle et transpirant, ses cheveux gris collés en mèches emmêlées sur son front et ses joues hâves. Son regard tournait, allait, venait, parcourait le champ visuel situé au-dessus de lui. Il semblait dans l'impossibilité de bouger la tête, le cou. À l'intérieur de la zone éclairée par la lampe posée au sol, on distinguait d'autres trous avec de gros éclats arrachés. L'eau coulait du toit percé, et personne n'avait songé à placer des gamelles sous les gouttières, ni eu le temps de le faire. Chacun se contentait de ne pas se tenir dessous.

Quand le regard de Sylvano rencontra enfin celui de Joa, penché sur lui, ce dernier se sentit bizarrement étranger, et le malaise dura plusieurs longues secondes. Puis il lut dans les yeux du vieil homme, terrible, l'explication de son silence et de ses lèvres closes sur les mots qu'il ne prononcerait pas, pour la simple et unique raison qu'ils n'existaient pas, et qu'il n'avait, lui, Sylvano, strictement rien à dire après ce qui s'était passé.

– Hé, Joa... souffla Sylvano.

Et Joa, sous le regard des autres, des *vaqueiros* – Pinga, Alesto et Aracuda-Viejo –, de Vinc, de Mame et Eliçia, sans doute aussi celui d'Irma, ne sut que dire, ni que faire. Ni quelle attitude adopter. Il ne ressentait pas mieux, ni plus mal, qu'une grande hébétude et des picotements sous le cuir chevelu. Il flottait, dans les roulements de la pluie fouettant le fleuve et les toits de tôles.

– On ne peut pas le bouger, répéta Vinc sur un ton définitif.

Entre les yeux de Sylvano qui se posaient avidement sur tout ce qui se trouvait à leur portée, farouchement vivants, et les paroles de Vinc, son patron, qui le disaient déjà mort, Joa ne savait que penser.

– Il faut l'emmener à Ita, dit-il dans un souffle.

Ces mots-là n'étaient pas meilleurs que ceux de Vinc. La première vague de colère, de révolte, se levait en lui. Elle ne serait pas raz-de-marée. Elle retombait déjà, écrasée par une autre vague, grimaçante celle-là, qui parvenait encore à tordre un petit rictus sur les lèvres de l'homme allongé au sol.

Sans un mot, Pinga et les deux autres *vaqueiros* adressèrent des hochements de tête à Vinc, puis ils quittèrent la pièce, et Aracuda qui sortit le dernier omit de refermer la porte. On entendit leurs pas décroître, sur la première passerelle.

Irma vint se placer derrière son père, mains dans les poches de son jean. Son T-shirt trempé pendait de ses épaules. Ses cheveux noirs, brillants, coupés mi-longs sans autre véritable souci que celui de lui dégager les yeux et le visage, retombaient comme de vieilles feuilles de bambous. Elle était pâle, les deux boutons de fièvre, au coin de ses lèvres, plus sombres que jamais.

– Il est intransportable, répéta Vinc. Et si on essayait de le porter jusqu'à la pirogue, en admettant qu'on ait encore une pirogue, peut-être qu'il serait mort avant d'être couché dans le fond du bateau.

– Je peux aller jusqu'à la ville, dit Joa. Je réparerai le *peque-peque*, et j'irai chercher un docteur.

Vinc sourit. Il dit :

– Le docteur sautera dans son hélicoptère, pour venir à toute vitesse soigner un *caboclo* qui ne pourrait même pas lui offrir un verre de *machante pinga* en règlement de ses honoraires...

– Mais toi, Vinc, tu es son patron ! Tu peux payer le docteur !

Il ne dit pas « pour celui qui va mourir à cause de toi ». Tout le monde, et Vinc Arheno le premier, le savait bien.

Vinc Arheno dit :

– Pas un docteur ne se déplacera jusqu'ici, pour un *caboclo* tué par des *pistoleiros* à la solde de l'INCRA et la police.

– Alors moi, dit Joa, je peux aller jusqu'à Ita.

– Combien de temps ça te prendra, garçon ?

Vinc sortit son paquet de cigarettes de la poche de son pantalon trop vaste. Il se servit et tendit le paquet à Joa – c'était la première fois qu'il avait un tel geste. Joa prit une cigarette, qui était cassée, il en mit la moitié entre ses lèvres, puis, comme Vinc omettait de lui donner du feu, il la retira et empocha les deux moitiés.

– Et avec quelle pirogue ? poursuivit Vinc. Celle-là ? dit-il, en désignant les pièces du moteur en vrac, sur la caisse, derrière lui. Ou bien l'autre, avec un trou comme ma tête dans la coque... Quand elle sera réparée, avec ce moteur-là monté dessus, on verra.

Il regarda Sylvano, au sol, et ce dernier acquiesça d'un mouvement de paupières. Sans cesser de le regarder, Vinc dit :

– Ils n'ont même pas pris la peine de discuter, cette fois-ci. Ils n'ont pas pris la peine de descendre de leur bateau ou de leurs hélicoptères. Non. Ils n'ont pas pris la peine... Des fusils automatiques, des pistolets mitrailleurs... Les balles ont traversé le toit des trois maisons, mais ils n'ont pas eu le générateur, c'est une chance.

– Ils ne l'ont pas vu, dit Sylvano d'une voix éraillée.

Il avait une étincelle de satisfaction dans l'œil. Comme si c'était un bon tour joué aux mitrailleurs.

L'œil de Vinc s'alluma pareillement :

– Non, dit-il. C'est parce que la cabane est enfoncée dans les arbres.

Sylvano gloussa discrètement. Vinc s'agenouilla à son côté, se pencha sur lui, secoua sa main devant ses yeux pour chasser les moustiques tournoyant. Sylvano l'en remercia d'un mouvement des paupières ; il soutenait le regard de Vinc sans regarder du côté des femmes. Eliçia se tenait accroupie, prostrée, respirant à peine, ayant apparemment épuisé tous ses pleurs. À côté d'elle, il y avait Mame, la compagne de Vinc, accroupie dans la même position, les avant-bras aux genoux, bougeant de temps à autre les doigts pour éloigner un insecte énervant.

Avec la main qui tenait sa cigarette, Vinc exécuta deux ou trois nouveaux allers-retours au-dessus du visage de Sylvano. La fumée traçait des volutes, comme des ficelles ébouriffées, avant de se dissoudre dans la mauvaise lumière. Vinc se balança un moment sur ses pieds nus, appuyé tantôt sur ses orteils calleux et recroquevillés, tantôt sur ses talons.

Il secoua lentement la tête, regarda les deux femmes silencieuses, regarda la dernière de ses filles encore présente sur la terre où elle était née. Il eut un profond soupir et son attention se porta sur Joa.

- Tout ce que j'avais, dit-il, ce que mon père avait avant moi, je l'ai vendu, et j'ai acheté ce premier troupeau. On a laissé le Sertao derrière nous, mon premier fils est mort alors qu'il n'avait pas deux ans, sur la piste où il a fallu l'enterrer. C'était même pas une piste, c'était rien, et mon premier enfant est enterré là-bas, je ne saurais pas dire où, dans un endroit qui ne porte pas de nom... Le troupeau, je l'ai revendu avant qu'il soit trop tard. Je veux dire : avant que toutes les bêtes crèvent, ou avant que des voleurs nous aient tués tous les deux, Mame et moi, pour quelques pauvres vaches stériles...

Sa voix glissait, avec parfois une succession de tressautements. Rauque et basse, chantante. La fumée de la cigarette s'effila jusqu'à se rompre, quand le dernier brin de tabac s'éteignit.

– Comme si ça pouvait s'appeler un troupeau, pouffa amèrement Vinc, entre ses dents... Mais avec l'argent, tu vois, nous avons continué. Le gouvernement disait qu'il y avait des terres, ici, disait qu'il fallait occuper le territoire. Que le Brésil était grand pour un grand peuple, pas vrai ? Qu'il y avait de l'or, et toutes sortes d'autres richesses, sur le rio Madeira... Les soldats vous protègeront des Indios. La terre est à qui la prend, pour ceux qui voudront la mettre en valeur... J'ai payé des hommes, oui, et les premières têtes de mon nouveau troupeau étaient des zébus errants, qui n'appartenaient à personne... Avec ces bêtes, je suis venu ici. Pinga était avec moi, il peut te le dire, comment ça s'est passé. On est arrivé sur l'île et on l'a aménagée. Une terre bénie, couverte de perroquets, de bandes de pécaris, et des cerfs, des poudous... du gibier... Je l'ai fait enregistrer à mon nom, oui, au nom de Vincent Arheno, c'est un nom qui vient de la *Regiao Nordeste,* le nom honorable de quelqu'un qui a survécu au soleil et à la sécheresse, à la famine, aux *brigantes,* à tout ce que Dieu a dressé sur ma route jusqu'à ce jour où j'ai fait enregistrer *Tierra do Papagaio* légalement. Il n'y avait rien à payer, à personne, non *senhor.* Le gouvernement disait alors : « Faites fructifier, si vous y parvenez. Après un an et un jour, la terre sera vôtre ». Voilà.

Il s'interrompit. Il regarda ses doigts qui tenaient la cigarette, et, seulement, s'aperçut que la corne, sur le bord de l'index, avait brûlé. Il effrita le papier carbonisé du mégot au-dessus du sol. Tous attendaient qu'il poursuive, Joa autant que les autres, et même Sylvano, qui déglutissait avec un peu de difficulté, de loin en loin. Alors, Vinc continua. Sur un ton âpre de colère sourde, enfin levée :

– Cette île est ma terre, celle de mes enfants s'ils reviennent un jour. Et aujourd'hui, un gros *fazendeiro* de *Regiao Sul,* de São Paulo ou d'ailleurs, vient ici et il dit : cette terre est à moi, je l'ai achetée il y a très longtemps, voilà les actes de propriété. Et il montre ses titres, avec des cachets officiels qu'il a pu se payer comme... comme rien, pour quelques centaines de *cruzados,* à des trafiquants... Et moi, je n'ai même pas un seul papier pour prouver que j'ai fait fructifier ma terre pendant un an et un jour pour qu'elle soit à moi. Je n'ai rien de pareil. J'avais la parole du gouvernement, des hommes qui parlaient au nom de l'INCRA... Et même si j'avais un papier, il ne vaudrait rien en regard de ceux que brandit le *fazendeiro*. Je ne connais même pas son nom. Je ne sais pas à quoi il ressemble. Ce que je sais, c'est qu'il veut cette terre, pour la revendre ensuite à une grande compagnie étrangère qui « mettra en valeur » la région. C'est ce qu'on dit à Itacoatiara, et c'est la vérité... Ils arment des *jagunços* qu'ils mettent dans des hélicoptères, d'abord pour intimider et forcer à vendre, ensuite pour nettoyer. Ils ont l'appui des autorités et la loi pour eux, derrière les papiers qu'ils brandissent. Ils vendront cette terre propre, nette... Alors, Sylvano, maintenant, qu'est-ce que je dois faire ? Maintenant, Sylvano, est-ce que je dois tirer avec mon fusil dès qu'ils montreront le nez ? Qu'est-ce que je dois faire si je veux garder ma terre et ma vie ?

Sylvano ne répondit pas. Il avait fermé les yeux. Vinc baissa la tête, qu'il prit dans ses mains, et il attendit un long moment dans cette position, sans bouger, respirant à peine plus que le blessé. Puis il laissa retomber ses mains.

La pluie battait moins fort. Elle coulait à

grosses gouttes, et non plus à jets continus, par les trous des balles dans le toit.

– Une cigarette, s'il vous plaît, patron, demanda Sylvano.

Ce qu'il n'avait jamais fait de sa vie. Une seconde, une expression déconcertée passa sur le visage de Vinc. Sylvano eut un sourire d'excuse, pas très vaillant, pourtant presque amusé, au fond.

– Il faudra l'allumer, dit-il. Et puis, je dois parler à Joa. Je ne sais pas combien de temps il me reste, mais c'est sûrement moins qu'à vous, patron, pour trouver la solution de votre problème. Je pensais pas mourir comme ça, ce matin, en me réveillant. J'avais toujours cru que je deviendrais vieux...

Il conserva son sourire au coin duquel, sans un mot, Vinc planta la cigarette allumée. Il aspira goulûment, les yeux clos. Rejeta la fumée par la bouche et les narines. Quand il rouvrit les paupières, la fumée exhalée se dissipait, et Vinc était sorti avec sa fille et Mame.

4

Sitôt après le départ de Vinc, Joa s'accroupit à côté de Sylvano, pour surveiller la cigarette entre ses lèvres, au cas où elle tomberait dans son cou. Une bête, un oiseau ou un singe, sauta sur le toit. On entendit l'animal (ce devait être un petit singe) se déplacer et marquer des temps de pause près des trous dans les tôles, par lesquels filtrait une lumière qui devait l'intriguer.

– Tais-toi maintenant, dit Sylvano.

Les gémissements d'Eliçia s'interrompirent tout net.

Alors, Sylvano tourna la tête, ce qu'il n'avait pas fait une seule fois, ni même la moitié d'une fois, jusqu'alors. Il regarda à droite, où se trouvait sa compagne, et puis à gauche, vers Joa.

– La cigarette, dit-il.

Joa retira le rouleau de tabac du coin de la bouche du blessé ; il le garda entre deux doigts, prêt à le lui redonner s'il en manifestait le désir.

– Je dois te parler, Joa, dit Sylvano. Tu veux m'écouter ?

Il avait la voix claire, à peine éprouvée.

– Parle-moi, Sylvano, dit Joa.

Un roulement de tonnerre traversa le ciel et secoua la pluie, faisant vibrer la toiture métallique de la cabane.

– Rantanga, dit Sylvano, sur une esquisse de sourire. C'est ce que ma mère disait... C'était une Amahuaca, tu le sais ?

Joa fit signe que oui. Il avait dû entendre parler des Amahuacas trois ou quatre fois, occasionnellement.

– Une Indienne pure de cette tribu morte, poursuivit Sylvano après avoir avalé sa salive. Et mon père, un *caboclo* pouilleux comme son fils, comme son père avant lui... Elle s'appelait Gila. C'était le nom qu'il lui donnait, lui, pas son nom indien. Son nom indien signifiait « Elle se lève »... Tu sais qui est Rantanga ? C'est un héros du peuple de ma mère... Il y a longtemps, tu vois, il a sauvé les Amahuacas d'une vraiment sale période. Il leur a rendu la prospérité et l'ordre. C'est lui, c'est le tonnerre, disait « Elle se lève ». C'est Rantanga, le héros qui défriche une nouvelle *chacra* dans le ciel... On dirait qu'il s'est fatigué des Amahuacas, puisqu'ils n'existent plus, pas vrai ?... Toi, Joa, tu ne peux pas te souvenir de ta mère, qui est tombée chez les morts peu de temps après ta naissance. Mais tu te souviens de ton père ? Tu te souviens de Julio ?

– Un peu, oui, dit Joa. Et de ma mère aussi, quand même. Elle est morte cette année-là, l'année du départ de mon père.

Sylvano fronça les sourcils et fit un effort de réflexion, pendant quelques secondes, afin de réajuster ses propres repères.

– C'est vrai, dit-il. L'année du départ de Julio. C'est parce qu'elle était morte qu'il s'est décidé, justement... Tu n'étais pas grand... haut comme quatre *yuvias*, à peine... L'oiseau panji aurait mangé ses grains sur ta tête sans baisser le cou. Tu m'écoutes, Joa, mon garçon ?

– J'écoute, Sylvano.

Sylvano hocha la tête, imperceptiblement. Une fois encore, ses paupières se fermèrent et demeurèrent closes. Puis ses lèvres bougèrent et il raconta :

– Ce n'est pas parce que tu ne sais pas les choses qu'elles ne sont pas, *afilhado*. Ce n'est pas parce que tu n'entends pas le toucan, en ce moment, quelque part dans la forêt, que l'oiseau ne chante pas et que son chant ne communique pas avec un autre toucan, comme avec les autres animaux qui l'entendent. Ce n'est pas parce que tu ne vois pas une chose que tu es aveugle. Ma mère savait des secrets que son peuple aujourd'hui mort connaissait avant elle, et elle me les a dits. On ne peut pas raconter ces choses à n'importe qui, n'importe quand. Je ne les dirais pas à Vinc, qui ne saurait qu'en rire ou ne les entendrait même pas. Il dirait que ce sont des histoires de sauvages. Je parlerais des *yoshin* à Vinc, il me regarderait d'un œil mauvais, parce que ce n'est pas ce qu'il croit, lui, et tout ce qui n'est pas ce qu'il croit n'est rien.

« Pourtant, quand Vinc regarde autour de lui ce qui se passe ici, il ne comprend pas. Il ne voit pas de solution. Il n'explique pas ce qu'il a bien pu faire pour provoquer ce qui lui arrive. Vinc est malin pour les troupeaux, et pourtant il ne comprend pas. Il croit que cette terre est la sienne simplement parce qu'il s'y est installé, lui a donné un nom, et fait partir les trois quarts des perroquets dans les arbres, qui étaient là avant lui. Et il croit qu'un accord avec d'autres hommes du gouvernement suffit, avec des hommes qui ne savaient même pas où se trouve cette terre, sur quel fleuve. Vinc raisonne comme ça. Il pense que c'est injuste que d'autres hommes agissent comme lui. Vinc ne veut pas entendre parler des *yoshin* de la forêt, qui sont les esprits des arbres, des gens et des animaux morts, en errance. Les *yoshin* ne sont en paix que lorsque le corps auquel ils sont attachés a été brûlé et enterré, ou mangé. Les *yoshin* sont méchants, si on ne sait pas les apprivoiser. Ils parcourent la terre et le monde des vivants pour semer des ennuis. Ils apparaissent dans les mauvais rêves.

« Ici, jamais Vinc ne s'est soucié des *yoshin* qui peuplaient la forêt de cette île à qui il a donné un nom qu'il n'a même pas respecté ensuite. Alors, les *yoshin* le lui font payer maintenant. Ils font en sorte que Vinc soit chassé, lui et ceux qui sont avec lui. D'abord, tous ses enfants sont partis, et ses filles sont devenues mauvaises dans les bars de Itacoatiara et Manaus, sauf Irma qui est restée plus longtemps que toutes et qui sera ta femme. Ensuite, des *pistoleiros* viennent par le ciel pour tuer ses gens, à commencer par moi... Mais pas toi, Joa. Pas toi, même s'ils te tirent dessus – ils ne font que casser ta pirogue, et ils n'arrivent pas davantage à te noyer. Parce que toi, tu es un *yoshin-vaca,* un enfant de l'esprit.

« Est-ce que tu m'entends toujours ? »

– Oui, souffla Joa.

La cigarette s'était depuis longtemps

éteinte, entre ses doigts. Et dans le verre laiteux et noirci de la lampe à gaz, la mèche était devenue sombre, après une ultime rousseur. L'ombre un peu plus épaisse avait reculé les limites de la pièce et enveloppé de nouvelles épaisseurs la silhouette de la femme accroupie. Le nuage de *borrachudos* tournoyait, plus dense que jamais, autour du col fumeux de la lampe à pétrole ; les moustiques s'agglutinaient dans les sourcils de Sylvano sans que cela parût le gêner, ni ne changeât le regard qu'il posait sur Joa.

Le cœur du garçon battait fort. Il savait vivre un moment d'importance, et pas seulement parce que Sylvano était en train de mourir. L'assaut de tristesse qui aurait dû le terrasser ne se manifestait pas.

– *Yoshin-vaca*, dit Sylvano. Même Julio, ton père, ne le savait pas. Ni ta mère. Ils ne connaissaient pas les *yoshin*, et ça ne leur aurait pas plu que je le leur dise. J'étais le seul à avoir compris, parce que j'étais le seul à avoir une mère amahuaca qui m'avait dit comment les choses se font... Et les choses... les choses se sont passées de telle façon que j'ai été, finalement, celui à qui la parole a été confiée... Vois-tu, Joa, parmi tous les mauvais tours que les *yoshin* peuvent jouer aux vivants, il y a celui-ci : ils engendrent chez les femmes des enfants difformes. Ces enfants-là sont les enfants des esprits, les *yoshin-vaca.* C'est ce que tu es, Joa, venu au monde avec ton pied tordu.

« Ce que ton père ou ta mère ont fait, pour attirer sur leur descendance cette marque, je ne le sais pas, et sans doute eux non plus. Et puis, ta maman est morte, et Julio s'est retrouvé seul avec toi. En ce temps-là, j'étais son compagnon de travail, je n'avais pas de femme, pas de famille... Tu avais dix ans, tu te rappelles ? Dix ans, haut comme quatre noix. Tu te rappelles ? »

– Un peu, dit Joa.

– On récoltait la sève des grands arbres, la gomme blanche. Un jour je vois arriver Julio, avec sa femme, sa famille, avec toi, l'enfant de l'esprit au pied déformé de naissance. Je vous ai abrités, quand vous êtes arrivés, dans ma *barraca* sur le fleuve Jurua – c'était là-bas que se trouvait alors le *seringal* ; aujourd'hui, c'est de l'or qu'ils cherchent, dans le fond de la rivière. À l'époque, c'était la sève blanche, le caoutchouc. Le pays là-bas était un territoire de *seringueiros.* Nous l'étions, Julio et moi. Des *seringueiros,* pour un *aviado* qui nous empêchait tout juste de crever de faim trop vite... Julio est devenu mon ami, et je savais qu'un homme au moins sur cette terre ne profiterait pas de mon sommeil pour me trancher la gorge.

« À la mort de sa femme, Julio a perdu le

courage de rester là. Il disait que nous étions des bêtes, et sans doute pire encore, car les bêtes ne restent pas sur un territoire qui les affame, si elles n'y sont pas forcées par des barreaux. Il disait : "Un *seringueiro*, ici, dans ce pays, c'est moins qu'une bête enragée. Nomme-moi quelque chose, ici-bas, qui ne soit pas la mort pour un *seringueiro*, du cobra aux Indios, et jusqu'à son *aviado*, son patron, toute la forêt dans laquelle et de laquelle il subsiste, en passant par les autres *seringueiros*." Oui, c'était ce que Julio, ton père, disait. Il disait aussi : "Mais si nous nous rassemblons, si nous parlons le même langage, si nous devenons forts, alors les grands *fazendeiros* y regarderont à deux fois avant de croire qu'ils peuvent nous balayer de la surface de la terre sur un claquement de doigts. Et même les grandes compagnies étrangères avec leurs montagnes de dollars américains !" Il avait acheté ou volé une radio à piles qu'il écoutait partout, qu'il emportait dans ses *estradas*. Il l'écoutait en étranglant les troncs avec la tige de *carana* pour faire couler le sang blanc des arbres. Il savait des choses qui se passaient à l'autre bout du pays. C'est comme ça qu'il a su qu'un homme parlait au nom des *seringueiros*, un certain Wilson Pinheiro. "Retiens son nom ! me disait Julio. Pinheiro, Chico Mendes, retiens-les !" Et il a appris l'assassinat de ce Wilson Pinheiro.

C'est Chico Mendes qui a pris sa place et qui, désormais, parlait au nom des *seringueiros.* Ton père est parti le rejoindre, là-bas, à l'autre bout du Brésil, dans cette province perdue de l'Acre. Il a dit : “Quand la vie sur cette terre sera faite pour nous aussi, les hommes sans autre héritage que leur sang, alors, mon ami Sylvano, je reviendrai te le dire et chercher mon fils.”

« Il ne t'a pas abandonné. Il t'a confié à moi. Il voulait que j'essaie de te faire adopter, si je le pouvais, quelque part du côté de Belém. Ça se pratique, tu sais. On vend les enfants aux touristes, au moins ils ne meurent pas de faim. À tort ou à raison, Joa, je ne l'ai pas fait. Tu étais avec moi ; *yoshin-vaca,* et j'étais désormais responsable. J'ai voulu savoir, Joa. J'ai bu le vin de la mort, le *soga de muerte,* qui s'appelle *ayahuasca* dans la langue de ma mère. Je n'en avais jamais bu auparavant, je n'en avais jamais fabriqué. J'ai pris le temps, et quand le vin a été prêt, je l'ai bu. Par le *soga de muerte,* on peut entrer en communication avec les *yoshin* et acquérir leur amitié. Ils m'ont dit de te garder, jusqu'à ce que tu sois de nouveau avec ton père, avec Julio. Ils m'ont dit : c'est ton rôle, Sylvano. Alors, je t'ai gardé, j'étais content.

« Je t'ai gardé et nous sommes allés, toi et moi, chercher l'or dans les *placers* du Madeira, et c'est ainsi qu'on a trouvé cette île avec Vinc dessus, qui nous a pris à son service pour garder son bétail. Pas vrai, Joa ? »

– C'est vrai, dit Joa.

– Sûr que c'est vrai, approuva Sylvano. Son regard brillait d'une fièvre nouvelle, entre ses paupières.

– Je ne le ferai pas, dit-il. J'ai reçu une balle. Une, ou peut-être même deux... Je ne sais pas. Elle m'a frappé dans le dos et je crois qu'elle est encore dans mon ventre. Je suis froid, je n'ai pas mal, je ne sens rien, je ne me sens même pas respirer. Je ne serai jamais vieux, Joa. Je ne le ferai pas.

– Qu'est-ce que tu ne feras pas ?

– Ce que les *yoshin* m'ont commandé : te garder pour ton père quand il reviendra.

– Il ne reviendra pas.

– Il l'avait promis, Joa.

– Il est mort, peut-être. Qui sait ?

– Il est parti rejoindre ce Chico Mendes, et on parle beaucoup de cet homme, aujourd'hui, à la télévision. Ton père est parti se battre à ses côtés, défendre les droits à la vie des *seringueiros*. Il est parti pour le pays de l'Acre, où coule le rio Branco. Au bout du monde, là-bas... Ici, Joa, c'est terminé. Ne reste pas avec Vinc. Rien de bon ne peut arriver sur cette île, et ça ira vite, maintenant, bien avant que les eaux baissent sur le fleuve.

– Mais toi, Sylvano...

– Je crois que j'irai vite, moi aussi, *afilhado*.

Je crois que j'irai vite. Dans la boîte, il y a ce qui te revient pour le temps que nous avons passé dans les *placers* du Madeira. L'autre part, c'est pour Eliçia. Prends, et va-t'en.

Joa baissa les yeux sur la cigarette qui se consumait entre ses doigts : elle était écrasée et poisseuse, fichue. Il l'effrita.

– Je suis fatigué d'avoir parlé, dit Sylvano.

Durant les huit années vécues en son étroite compagnie, Joa l'avait entendu prononcer environ dix phrases, toujours les mêmes, régulièrement, intercalées parfois de semaines entières de silence.

– Repose-toi, dit-il. Ne t'en fais pas. Repose-toi.

– Et vous, dit Sylvano. Vous devez avoir faim, non ? Est-ce que c'est bientôt le matin ?

– Non. C'est à peine le début de la nuit.

Sylvano fit bouger ses lèvres sèches.

– Mon Dieu, dit-il... Mon Dieu, je vais mourir pour un homme que je n'aimais guère... qui me ressemblait... Je voudrais que le *yoshin* de mon corps trouve la paix rapidement. Il faudra m'enterrer vite, me brûler. Enterrer mes cendres. Les parents de ma mère mélangeaient les cendres et l'eau, et ils buvaient ça... ils avalaient le corps des morts...

Il cligna de l'œil :

– Mais c'étaient des sauvages...

5

Joa dit :

– On l'a soulevé dans la toile cirée, pour le mettre dans le hamac. Il ne pesait rien. Eliçia a déchiré sa chemise, mais c'est avant qu'on aurait dû le faire, parce que dans le hamac, c'était pas facile... Il a juste un petit trou noir dans le creux du dos. Ça s'est remis à saigner un peu... On a fait un pansement avec sa chemise mouillée de *cachaça*. Maintenant il a mal...

Ils se tenaient assis sur le seuil de la cabane du générateur éteint. Serrés l'un contre l'autre, blottis sous une feuille de plastique. La pluie tambourinait férocement sur le grand capuchon improvisé.

Dans la maison de Vinc, la télévision était muette. Le seul filet de lumière visible, de l'endroit où se trouvaient les jeunes gens, provenait des interstices entre les planches de la cabane de Sylvano, au ras du sol.

– Qu'est-ce qu'il a dit ? demanda Joa. Ton père, qu'est-ce qu'il a dit ?

Elle frissonna, serra ses bras étroitement sur sa poitrine. Au moindre geste, le plastique protecteur se froissait bruyamment. L'eau remplissait les creux et les plis, qui débordaient. C'était une bonne nuit pour le *jacare*.

– Rien, dit Irma. Ou plutôt, si : il a dit qu'ils pouvaient revenir, que c'était pas impossible, et alors il s'est assis derrière la porte, avec son fusil et la grosse lampe-torche à pile. Prêt.

– Qu'est-ce que vous ferez de Sylvano, quand il sera mort ?

– Je ne sais pas. Pourquoi ?

– Il dit qu'il veut qu'on le brûle. Et qu'on l'enterre. Ses cendres.

– Je ne sais pas, dit Irma.

Elle renifla plusieurs fois vigoureusement et ensuite souffla, comprimant du pouce une narine afin d'expulser ce qui encombrait l'autre.

– Enterrer ses cendres ? s'étonna-t-elle à retardement.

– Oui, dit Joa. Ou alors, les boire.

– Hein ?

– Les boire.

– Arrête de te moquer, Joa. Je t'entends rire.

– C'est ce qu'il a dit. Demande à Eliçia, elle a entendu comme moi... C'est un Indio, pour la moitié de sa tête, tu sais ? Il croit des choses, il sait des choses... Chez eux, ils font ça. Ils boivent les cendres de leurs morts.

– Beuark, fit Irma.

Mais le ton de sa voix disait qu'elle était au moins autant amusée qu'écœurée.

Puis, Joa dit :

– Il veut que je parte. Il me donnera de l'argent. C'est de l'argent qui m'appartient.

– Comment Sylvano pourrait avoir de l'argent ? s'insurgea tranquillement la jeune fille.

– Il en a. C'était avant qu'on vienne ici, avant qu'on soit *vaqueiros* pour ton père... *vaqueiros* sans même un cheval pour quatre... On avait cherché de l'or, plus haut sur le rio. Il a de l'argent. Ou de l'or. Il y a ma part, qu'il va me donner.

– Et tu vas la prendre ?

– C'est à moi.

– Et tu t'en iras ?

– Bien sûr.

– Où est-ce que tu vas aller, Joa ?

Il haussa une épaule, ce qui déclencha un grand bruissement de la feuille de plastique, accompagné d'un vrai déluge bref autour d'eux.

– Je ne sais pas encore, dit Joa. Je pense que je retrouverai ceux qui ont fait ça, et je leur ferai payer. Ils sont en train de boire de la *pinga* en ce moment, dans un bar de Ita, sur la grande rivière...

– Ils ne boivent pas de la *pinga*, dit doucement Irma. Tu peux au moins être sûr de ça. Pas de la *pinga*... Pourquoi il faudrait boire les cendres de Sylvano ?

– À cause de son *yoshin*. Tu ne sais pas ce que c'est ?

– Je t'entends rire, dit Irma.

– Pas du tout.

Il lui expliqua les *yoshin*. Il était parfaitement sérieux et pourtant, à plusieurs reprises, elle prétendit l'entendre rire. Finalement, elle décida qu'elle ne croyait pas un mot de ce qu'il avait raconté.

– Est-ce que tu vas partir bientôt, Joa ? demanda-t-elle, pour casser le silence boudeur dans lequel il s'était rétracté.

– Qu'ils boivent de la *pinga* ou autre chose, je les trouverai, dit Joa sourdement.

Vinc ordonna aux *vaqueiros* de rassembler les bêtes qui pouvaient être vendues, bien que ce n'en fût pas la saison – et rien ne laissait supposer que la baisse des eaux fût imminente.

Ils s'en allèrent à pied à travers l'île, parcourant les pacages spongieux. Deux jours durant, ils rassemblèrent toutes les bêtes qu'ils purent trouver, et les amenèrent dans les prés du nord de la *Tierra do Papagaio*, là où se dressaient les enclos, les cabanes des passeurs et les embarcadères, avec la grande barge amarrée. D'abord, il fallut écoper la barge, colmater les trous qu'avaient faits dans la coque les mitrailleurs de l'hélicoptère. Ce travail prit un troisième jour.

Joa participa au calfatage de la barge et à la garde des zébus dans le parc, mais il n'avait pas pris part au rassemblement du bétail, bien que l'ordre de Vinc se fût adressé autant à lui qu'aux autres. Il était resté au chevet de Sylvano.

Sylvano ne mangeait pas, buvait à peine. Il avait maigri et vieilli en deux jours comme si plusieurs années s'étaient écoulées pour lui seul. Quand on lui demandait s'il souffrait, il ne répondait pas. Il s'était vidé deux fois sous lui, et il avait fallu laver la toile cirée, laver son corps inerte qui n'appartenait plus à rien ni personne. Ils changeaient le pansement à la *cachaça* deux ou trois fois par jour, mais ce n'était pas encore suffisant pour éloigner les mouches, chiques et *borrachudos* qui tournaient sous le hamac au niveau de ses reins.

Vinc prétendait qu'il ne souffrait pas. « Tu as mal, Sylvano ? » et Sylvano regardait Vinc comme si celui-ci eut été taillé dans une sorte de glace translucide, et il ne répondait pas. De ce fait, décida Vinc, ils pouvaient attendre un peu et parer au plus pressé avec les bêtes ; ensuite, ils tenteraient quand même le coup, et sitôt le *peque-peque* réparé, avec l'autre moteur monté dessus, ils embarqueraient Sylvano pour Ita, où le premier docteur qu'on trouverait le remettrait debout.

Vinc ne participa pas, lui non plus, au rassemblement du bétail. Il restait aux cabanes, son fusil dans les bras, regardant la télévision dont il avait coupé le son, tendant l'oreille, prêt à bondir au premier bruit de moteur s'élevant sur l'eau ou descendu du ciel.

À présent, le teint de Sylvano avait viré au jaune sale. Il avait de profonds cernes sous les yeux, sombres, ses lèvres étaient plaquées sur les trous de ses gencives édentées.

– Ils embarquent les bêtes demain matin, dit Joa.

Sylvano approuva d'un mouvement de paupières.

– La boîte, dit-il d'une voix claire, étonnante de fermeté. Eliçia, donne la boîte.

La boîte ne contenait que deux tubes d'aspirine.

– Prends-en un, dit Sylvano.

Ce que fit Joa.

– Prends le fusil, aussi, dit Sylvano.

Ce qu'il fit, également.

Un peu avant l'aube, Joa se leva. Il n'avait pratiquement pas dormi. Il roula son hamac et le ficela autour du canon du fusil. Le tube d'aspirine était dans sa poche non trouée. Il chaussa ses sandales de cuir.

Eliçia était éveillée, mais elle resta couchée. Quand il se planta devant elle pour lui dire au revoir, elle feignit de dormir.

– Va, maintenant, dit Sylvano.

Il entendit passer les *vaqueiros* devant la porte.

– Je viens ! leur cria-t-il.

Il y avait une vingtaine de bêtes, qu'ils firent monter dans la barge, après leur avoir crevé les yeux pour leur éviter la panique, sur la rivière. Les bêtes criaient de douleur ; leurs jambes fléchissaient et tremblaient sur le plancher mouvant de l'embarcation.

Puis il ne resta plus sur la rive que deux jeunes veaux aux pattes brisées que les hommes avaient été forcés de tuer. Alors, Joa avança sur la passerelle. Il prit place dans la barge, avec les bêtes au mufle luisant de bave et de sang, chacune enfermée dans sa terreur aveugle, pétrifiée, prisonnière d'une incompréhensible douleur – en partance pour les abattoirs d'Itacoatiara. Il était contre la rambarde de cordage, avec les bêtes, gagné par la chaleur qui se dégageait de leur pelage rude et mouillé, pressé contre une des panses rondes, aux côtes saillantes, dans l'odeur résignée de la bouse et du sacrifice.

Alesto et Aracuda guideraient la barge jusqu'à la grande rivière, et puis, sur sa rive, Itacoatiara.

Juste avant qu'ils décrochent la passerelle, dans les premières toux du moteur, Irma surgit de derrière la cabane abandonnée des passeurs. Elle courait. La boue et la bouse giclaient sous ses pieds nus. Elle sauta par-dessus un des cadavres souillés des veaux, glissa, faillit tomber, attrapa la passerelle à l'ultime instant, s'écroula dans le bateau aux pieds d'Alesto, essoufflée, et, quand elle se redressa, triomphante.

6

Ils naviguèrent toute la journée sur des eaux lourdes brassées par un courant venu de tellement loin, indifférent à tout ce qu'il roulait dans ses griffes de boue, et qui se hâtait vers un but dont il était seul à entendre l'enivrant appel.

À la regarder dans son immensité, dépouillée de rives, aux frontières incertaines barbouillées de ciel, elle paraissait pourtant bien calme, cette eau du fleuve géant. Il suffisait de se tenir au milieu de son cours pour oublier la forêt ; pour que les arbres ne comptent plus, même si c'étaient des arbres à toucher le ciel et porter la foudre à pleins bras sans se rompre, ni pratiquement frémir.

Mais non, ce n'était pas une eau tranquille, la forêt n'était pas engloutie. Toutes les apparences, ici, ne vivaient depuis toujours et à jamais que pour le mensonge.

Le chargement de bœufs aux yeux crevés, que les abattoirs n'acceptaient que vivants, avait tendance à ballotter dangereusement, sans entraves, dans le mauvais enclos de cordages grossièrement dressé sur le pont. Quant au moteur du bateau, la discrétion plus que la puissance semblait être à l'évidence sa qualité première.

Prétendre pouvoir suivre sans danger la rive submergée du Madeira n'était pas plus raisonnable, dans ces conditions de navigation de la barge, que ce que décida (ou ne sut éviter) le capitaine occasionnel Alesto quand il laissa le courant la prendre et l'emporter sur le dos plat de la rivière. C'était un courant sans écume, sans bouillonnements, ni tous ces signes déchirés qui marquent habituellement sa présence en lutte avec ce qui lui résiste. Ici, rien ne lui résistait. Il embarqua la barge et son minable chargement comme un fétu de paille, sans secousse intempestive ni véritable heurt, et pourtant les bêtes aveugles et souffrantes sentirent le danger soudain qui roulait sous elles. Un concert de meuglements craintifs, bientôt affolés, s'éleva et dura quelques minutes, calmé tant bien que mal par les efforts de Joa et Aracuda.

Le moteur de la barge, cependant, ne trouva pas le quart de la puissance nécessaire pour échapper au courant... dont le flot venait en percuter un autre, deux fois plus violent peut-être, mêlant ses eaux à celles, rouges, ocres, laiteuses, de l'Amazone.

Ce fut miracle si l'enclos de cordage ne se rompit pas dix fois, si les bêtes piétinant de terreur ne crevèrent point le pont, si aucune ne fut encornée par une autre, ou précipitée par-dessus bord. Miracle, en un mot, si la barge ne sombra pas de la plus rapide façon qui soit. Alesto, le pilote, sua comme un diable en enfer, trempé à tordre sa chemise bien avant la première averse brutale qui creva les nuages aux ventres pendouillants. Il jura, cogna, cria, il se tordit les muscles et se déchira la voix aux arêtes des insultes qu'il crachait sans discontinuer.

Sans doute Alesto crut-il à son mérite quand l'allure de la course se réduisit, puis retomba considérablement – quand il fut possible enfin au moteur de jouer un rôle. Il n'y était strictement pour rien. Simplement, le fleuve était devenu trop vaste, trop large, pour étrangler son impétuosité. L'esquif dérisoire, avec sa cargaison pitoyable de bêtes redevenues silencieuses, put couper en biais, se rapprocher de la rive droite, distante, encore, de plus d'un kilomètre.

Les pluies traversaient le paysage, les arcs-en-ciel brillaient, perdaient leurs couleurs les unes après les autres. Puis, au bout du jour, le ciel déchira ses oripeaux et se mit à flamber. Le fleuve lui renvoya ses braises, ses calcinations, lui résista en opposant aux averses de flammes ses plages de bronze liquide griffées de friselis et de reflets dansants. Tout était rouge de soleil mourant quand ils aperçurent les quais sur la rive de soufre et les premières silhouettes des bâtiments de Itacoatiara, comme de grands animaux couchés, des guetteurs postés sur le bord de la fournaise tiédie.

Aracuda poussa quelques cris de triomphe, auxquels Joa répondit en agitant ses bras au-dessus de sa tête. Dans la cabine de pilotage, Alesto leur retourna leurs signes d'allégresse.

Mais Irma ne dit rien, ne fit rien – se contenta de rester assise, là, au pied de la cabine, sous l'avant-toit de papier goudronné, jambes relevées et bras croisés sur ses genoux, à cette place qu'elle occupait depuis le départ, et dans cette position qu'elle n'avait modifiée que pour s'agripper un peu dans la danse des remous, et manger le morceau de viande séchée offert par Alesto, à un moment de la journée, vers midi.

La barge fut amenée le long du quai, à cul contre l'appontement, sous le regard de dizaines de gosses déguenillés, et d'au moins autant d'hommes adultes, désœuvrés, qui se trouvaient là comme s'ils attendaient depuis des jours l'événement de l'arrivée de cette bétaillère flottante.

Les hangars du port se dressaient en arrière-plan, avec leurs murs de bois gris, leurs toitures de tôles ondulées tavelées de rouille. Derrière, c'était la ville d'Itacoatiara, et au-delà, tombant du ciel comme un rideau, la forêt.

Un grand nombre de barques, de plates, de pirogues, de canots, et même de bateaux de plaisance, se trouvaient amarrés aux quais, dans le dédale des appontements. Plus loin, les gros bateaux aux coques hautes comme des maisons étaient toujours présents, à croire qu'ils n'avaient pas bougé, pareils à ce qu'ils étaient déjà quand Joa était venu ici une précédente et unique fois. Contre les coques, entre les pilotis des quais, l'eau n'était pas simplement boueuse et glauque : elle s'irisait d'une pellicule d'huile mordorée, constellée de détritus de toutes sortes, de déchets végétaux, bouteilles et boîtes vides, choses pourrissantes, petits animaux morts et gonflés. Des oiseaux piaillants plongeaient régulièrement.

Joa, le premier, sauta sur le quai. Il

s'efforça de n'accorder aucune attention aux gamins qui se pressaient et le gênaient en voulant exécuter à sa place la manœuvre d'amarrage, dans l'espoir de récolter une pièce ou un bout de quelque chose à manger. Il continua de les ignorer quand les plus effrontés remarquèrent son pied tordu et commencèrent d'en rire. Depuis dix-huit ans, son existence s'était partagée entre un *seringal*, un temps d'errance, un *garimpo* de chercheurs d'or et la garde d'un troupeau informe sur une île sauvage : cela lui avait permis d'apprendre de quelle manière la violence prend son élan. Il les laissa rire et chantonner, dans le langage unique des enfants ; il laissa glisser autour de lui leurs moqueries cinglantes ; il laissa les regards brûlants des hommes s'accrocher à chacun de ses gestes...

Quand il eut passé les cordes dans les anneaux d'amarrage, il mit en place la lourde passerelle de bastings qui devait permettre le débarquement des bêtes. Aracuda descendit à terre et engagea la conversation avec les hommes désœuvrés. Joa l'entendit prononcer le nom du patron des abattoirs.

Irma traversa le plateau de la barge. Elle ramassa le fusil, avec le hamac enroulé autour, que Joa avait laissé près de la barrière de cordes. Les bêtes meuglaient et s'énervaient, intriguées par la station immobile prolongée du bateau. Tenant le fusil contre elle, Irma longea la corde tendue du parc improvisé, passa devant Alesto, s'engagea sur la passerelle.

– Hé ! dit Alesto, et du plat de la lame de sa machette, il donna un léger coup sur les fesses d'Irma. Où vous allez, jeune dame ? demanda-t-il. Hé ?

C'était sa manière, d'appeler « jeune dame » la dernière fille de son patron, comme avant elle toutes les autres, parties sans demander leur reste : il les avait toutes appelées « jeune dame », chacune en son temps.

Irma lui jeta un regard rapide. D'un bond, elle franchit la passerelle, se retrouva à côté de Joa.

– Avec lui, dit-elle.

– C'est bien ce que j'avais deviné, dit Alesto. Et toi, Joa, où tu vas donc avec ce hamac autour du fusil de ton père ?

Joa n'en savait rien. À la vérité, grands dieux, il n'en savait rien du tout, ne savait vraiment pas s'il allait quelque part, juste vers quelque chose, et ce n'était sûrement pas à Alesto qu'il allait en faire la confidence.

– C'est le fusil de Sylvano. Pas de mon père.

– Hin-hin, fit ironiquement Alesto. Et Sylvano n'est pas ton père ?

– Bien sûr que non ! Mon père s'appelle Chico... Mendes. Et il m'a confié un jour à

Sylvano, parce qu'il avait mieux à faire que de s'encombrer de moi.

– Hin-hin, fit Alesto, avec une grimace franchement moqueuse. Où est-ce que tu vas, Joa, avec cette fille ?

– Je m'en vais, dit Joa. Je ne rentre pas avec vous sur la barge. Je ne reviens pas. Je m'en vais, parce que maintenant je dois retrouver mon père.

Un moment, Alesto chercha à comprendre ce que signifiait tout cela. Aracuda avait quitté les hommes et écouté la conversation, à quelques pas. Il s'approcha, saisit tranquillement Irma par un bras, et dit :

– Tu remontes dans le bateau, mademoiselle.

Le cri d'Irma le fit sursauter et lâcher prise, davantage le cri et le saisissement provoqué, que cette poussée rude et sèche qu'elle exerça avec le canon de fusil contre son estomac.

– Me touchez pas, t'entends ? lança Irma farouchement, brandissant l'arme comme si elle allait s'en servir à travers le hamac enroulé.

– Jeune dame, dit Alesto, vous allez revenir avec nous, parce qu'on se fera peler vif par le patron Vinc, si on ne lui ramène pas sa fille...

– Il saura que je suis montée sur ce bateau

si vous lui racontez, dit Irma. Faites-vous peler vifs si ça vous chante !

Alesto balança la tête de gauche à droite, de plus en plus vite, de plus en plus fort.

– Pas du tout, dit-il. Personne ne me pèlera vif, pas même Vinc.

– Allez, viens, Joa, dit Irma.

Aracuda tenta de lui saisir le bras, une fois encore, mais elle fit un écart tout en cognant sèchement avec le fusil. Des cris admiratifs, amusés, s'élevèrent au-dessus des badauds. Aracuda recula en se tenant la poitrine à deux mains, tandis que son teint noir virait au gris plombé.

Alesto grogna, se rua sur la passerelle, et Irma jeta le fusil à Joa, le tira par sa manche de chemise, au passage, lui criant de se dépêcher, vite, vite... et c'est ainsi que Joa enleva la dernière fille de Vinc Arheno, à peine débarqués à Itacoatiara.

7

Derrière eux montaient des glapissements d'enfants surexcités par l'événement. Mais la meute de poursuivants n'était pas qu'enfantine : en tête de la poursuite, il y avait Alesto, et puis aussi quelques types désœuvrés, toujours prêts à se démener un peu quand une bonne opportunité se présentait.

Petit à petit, cependant, les clameurs piaillantes retombèrent, graduellement étranglées, eût-on dit, par les étroitesses successives des ruelles empruntées.

Ils coururent un temps et une distance infinis... et pourtant sans jamais quitter ce secteur des cabanes et hangars, aux fenêtres et sur les seuils desquels se tenaient des gens qui interrompaient nonchalamment leurs occupations pour les regarder passer. Ils avaient certainement tourné plus ou moins en rond.

Du passage qu'ils remontaient maintenant, flageolant un peu sur leurs jambes, on apercevait, à moins de vingt mètres, la berge du fleuve et sa surface flamboyante.

C'est alors que le souffle lui manqua. Que son estomac se noua. Que ses jambes le lâchèrent, qu'il eut envie de vomir et de cracher des brûlures. Sa vision se troubla : le paysage scintillait. Des vacarmes lointains bourdonnaient à ses oreilles et sous son crâne. Il se tenait au milieu du passage défoncé par de vraies ornières boueuses, remplies de détritus. Il se remit péniblement en marche, et, bifurquant sur sa droite, s'enfonça entre ce qui lui parut être deux hangars vides. L'éclat du soleil mourant, sur les tôles, était un vrai supplice.

Joa se laissa glisser contre le mur chaud, dans cette lumière aveuglante et rouge. Le point de côté achevait de lui étrangler la taille.

Il prit conscience de la présence d'Irma, toujours là, à ses côtés, pâle et les lèvres exsangues, écroulée elle aussi contre le mur d'en face.

Les chiens qui avaient participé à la poursuite, apparemment, restaient les seuls en course... trois, jaunes, tachés de blanc sale, la queue battante. Ils vinrent tourner à quelques mètres, en silence, surveillant d'un œil terne les deux jeunes gens effondrés. Ils finirent par s'asseoir et se coucher. Un des trois s'en alla, en courant de travers.

– Qui t'a demandé de venir avec moi ? dit Joa quand il fut capable de parler sans s'étouffer, et quand il eut fait le choix des mots à prononcer.

Irma lui adressa un regard brièvement assassin.

– J'ai besoin qu'on me dise ce que je dois faire ? dit-elle. Il fallait que j'attende que tu m'invites ?

– Non, dit Joa, répondant aux deux interrogations.

Il la trouva terriblement belle, avec ce visage marqué par l'effort, luisant dans les reflets de lumière, avec ses cheveux ébouriffés qu'elle tentait de recoiffer d'une main machinale... De la sueur brillait au creux de ses clavicules, dans l'encolure du T-shirt rouge, comme les deux pierres précieuses d'un collier.

– Ils vont nous chercher dans toute la ville, dit Joa. Alesto et Aracuda. Ils vont croire que j'étais de mèche avec toi. Ils vont se dire que ton père ne leur pardonnera jamais d'avoir laissé faire ça...

Elle rit, en secouant la tête comme si elle

s'ébrouait pour échapper à tous ces mots qui lui pleuvaient dessus. Elle ramassa des graviers qu'elle se mit à lancer un à un en direction des chiens jaunes, pour jouer. Les chiens jaunes regardèrent à peine les petits cailloux tomber autour d'eux.

– Vinc s'en fiche bien, dit Irma. Il n'a jamais versé une larme quand mes sœurs sont parties... Il attendait une chose, que tu m'épouses, Joa, comme ça, ç'aurait été à toi de me nourrir.

– Mais Alesto et Ar...

– Alesto et Aracuda vont se persuader très vite qu'ils ont fait de leur mieux... Bien entendu, c'est plus prudent de ne pas aller se fourrer entre leurs pattes... Peut-être qu'ils ne repartiront pas à *Tierra do Papagaio*, d'ailleurs, qu'ils ont très bien compris qu'il n'y a plus rien à y faire, sauf se faire tuer comme Sylvano. Peut-être qu'ils vont prendre la barge et descendre le fleuve jusqu'à Obidos, ou plus loin, Belém. Ou ils vont revendre cette barge à qui en voudra... Ils ne peuvent pas toucher l'argent des bœufs au nom de Vinc, sinon ils le feraient et ils fileraient.

– Tu crois qu'ils feraient ça ?

– Même Pinga, s'il était là, le ferait.

– Et toi ?

– Quoi, moi ?

– Qu'est-ce que tu vas faire, toi, maintenant ?

– Je vais avec toi, Joa, non ? Tu ne me veux pas ? Je suis avec le fils de Chico Mendes...

Elle rit de nouveau. Joa se laissa gagner sans résistance par la bouffée d'hilarité. Il dit :

– Je suis le fils de Chico Mendes, le *seringueiro*. Parfaitement.

– Ton père s'appelle Julio, dit Irma. Julio, pas Chico. Avant, je pensais même qu'il s'appelait Sylvano. Mais pas Chico.

Elle pouffa encore, montrant ses gencives en riant, puis elle redevint brusquement sérieuse, avec ses yeux brillants comme si elle allait pleurer. Face à un tel visage, un tel regard, impossible de continuer de rire.

– Julio, pas Chico, dit-elle. Quelle idée !

– Mon père le connaît, c'est vrai, assura Joa. Sylvano me l'a dit. Mon père le connaît, mais personne ne connaît mon père.

– Et les gens connaissent ce Chico, sans doute ?

– Sylvano dit que oui.

Elle regarda du côté des chiens. La lumière rousse qui tombait du ciel nuageux teignait leur pelage et les faisait ressembler à des récipients bizarres contenant des braises. Elle leur lança encore des petits cailloux pour qu'ils jouent, mais ils s'en fichaient bien.

– Pauvre Joa, dit-elle. Il faut que j'aille avec toi, pauvre Joa.

– Je veux retrouver ceux des hélicoptères, dit Joa. Ne m'appelle pas comme ça.

– D'accord, Joa. Pauvre Joa... Elle souriait et chantonnait entre ses dents, mais ce n'était pas pour se moquer vraiment. Il fallait la connaître. Sois certain que les gens de l'hélicoptère ne traînent pas dans des quartiers pourris. Ils ont des *cruzados* plein les poches, et ils vont où on peut les dépenser pour autre chose que des combats de coqs ou des bouteilles de *pinga*.

– Qu'est-ce que tu sais de ça, toi ?

– Je le sais, pauvre Joa. Tout le monde le sait. Tout le monde le comprendrait. Il suffit juste de réfléchir un peu. Elle se frappa la tempe avec son index. À Manaus, oui. Est-ce que tu as ton argent ?

– Bien entendu, dit Joa.

– Il y a des bateaux qui partent pour Manaus, dit Irma. Ils remontent l'Amazone. Certains viennent de Belém, bourrés de *turisticos, Inglès, Américanos,* de partout... Bien sûr, c'est pas sur ces bateaux-là qu'on pourra monter, mais il y en a d'autres. Avec ton argent, tu pourras sûrement payer deux billets de premier pont. Ça fera un si petit trou que ça ne se verra même pas.

– C'est pas de l'argent, dit Joa.

Les chiens se levèrent soudain et s'éloignèrent en quelques bonds. À leur place, les cinq gamins firent leur apparition.

Trois mulâtres aux cheveux blonds frisés, et deux Noirs. Le plus grand pouvait avoir une quinzaine d'années, le plus jeune, un des *mulatos*, sept ou huit. La boue maculait leurs jambes nues jusqu'aux cuisses, amidonnait leur short. Ils ne paraissaient ni hostiles, ni impressionnés. Un des chiens jaunes revint et leur tourna autour - les deux autres avaient définitivement disparu aux yeux de Joa.

Le plus grand des garçons noirs avança et dit :

- Salut. Mon nom, c'est Andrès. Et vous ?

Il avait les mains vides, comme tous - sauf le plus petit qui se grattait l'arrière du mollet avec un morceau de cageot et portait un maillot de corps sale et flottant sur un short trop grand.

Joa se leva et s'adossa au mur de tôle, tenant le fusil, crosse en bas, contre lui. Irma se mit à genoux, les mains sur ses cuisses. C'était elle, surtout, que le grand garçon noir regardait - les autres aussi - en décochant de loin en loin des coups d'œil vers le fusil de Joa.

- Andrès, répéta Andrès. On est des amis, c'est pas vrai ? Nous aussi, on a couru derrière vous, on les a entraînés dans les ruelles, n'importe où. Maintenant, vous êtes tranquilles. D'accord ?

- Pourquoi ? dit Joa.

– Aïe ! dit le garçon. Il faut s'entraider, c'est pas vrai ? Pour se tirer de la *bagunça*. Tu ne crois pas ? On vous a donné un coup de main, c'est pas vrai ?

– Peut-être, dit Joa.

– Peut-être pas, dit Irma.

– C'est l'un, c'est l'autre, bien sûr, dit Andrès en riant. (Il s'adressait à Irma.) Qu'est-ce que tu veux ? Manger ? Boire ? Je peux t'aider, tu ne crois pas ? On sait tout dans cette ville. Tu veux te cacher ?

– Peut-être, dit Irma.

Elle se leva et brossa son pantalon à coups de plat de la main.

– Oui, dit un autre gamin. On peut vous cacher, pendant qu'ils vous cherchent. Jusqu'à ce qu'ils se fatiguent.

– Sans blague ? dit Irma. Pourquoi vous le feriez ?

Elle planta les mains dans les poches-revolver de son pantalon, ce qui lui tirait les épaules en arrière et tendait sa poitrine. Elle faisait bouger son genou qui battait contre le mur de tôle.

– Pourquoi on ferait ça ? dit Andrès, avec un large sourire.

Il haussa lentement les épaules, tira une main de sa ceinture et frotta son pouce à l'extrémité de son index.

– Qui sait, un peu ? dit-il. Pour moi et mes amis ? Qui sait ? Tu n'as pas d'argent ?

Irma secoua négativement la tête. L'autre porta son attention sur Joa :

– Et toi, *cangaceiro*, tu en as, bien sûr. Quelques *cruzados* pour le brave Andrès...

– Peut-être que oui, dit Joa.

– On n'a pas besoin de ces types ! trancha Irma sans le regarder.

On voyait juste son profil qui dépassait de la broussaille des cheveux embrasés. Joa souleva le fusil qu'il coucha dans le creux de son bras. C'était un geste tombé tout droit d'un millier de feuilletons américains vus à la télé – mais un bon geste, qu'il eut plaisir à exécuter, et qui le rassura. Comme s'il prenait conscience du même coup, et pour la première fois, de ce qu'il allait être amené à vivre, de ce qui était en train de se dérouler.

Elle dit :

– On n'a besoin de personne. On va à Manaus. Ce qu'il nous faut, c'est juste un bateau, pour monter dessus, c'est tout.

Andrès fit un grand, un très grand sourire :

– Et un endroit où attendre le bateau en toute sécurité, dit-il, sans que les types qui vous couraient après vous trouvent. C'est pas vrai ? Et la façon de monter sur le bateau... Ou alors, tu as de quoi payer ? Je sais où sont les bateaux qui vont partir bientôt, je sais comment faire. Quelques *cruzados*, c'est tout... pour quelques petits billets, mon cœur, et je sais aussi comment te faire gagner plein de fric, tu ne veux pas ?

– Et les hommes de l'hélicoptère ? demanda Joa. Tu sais aussi où les trouver ?

Andrès quitta Irma des yeux, et cessa de sourire un instant. Il secoua les mains derrière lui, en direction de ses compagnons, et leur ordonna de s'éloigner. Ils hésitèrent, mais finalement s'exécutèrent en traînant les pieds et en marmonnant des propos vagues. Le petit qui se flagellait l'arrière des mollets avec son morceau de cageot n'avait pas cessé une seconde ; il était même capable de courir sans interrompre son manège.

– Quels hommes de quels hélicoptères ? dit Andrès.

– Ils viennent et ils tuent, dit Joa. Ils ont tué un homme qui travaillait pour son père.

– *Pistoleiros,* aïe ? fit Andrès, reportant son regard aiguisé sur Irma. Ton père a des gens qui travaillent pour lui ? C'était à lui le bétail, sur la barge ?

Elle haussa les épaules. Elle regardait droit devant elle, comme si le front des cabanes, plutôt étriqué à cet endroit de la berge regagnée par la forêt, offrait tout à coup à ses yeux quelque chose de fascinant. Les œillades qu'elle glissait vers Joa ressemblaient à des coups de couteau.

Joa dit :

– Oui. Des *pistoleiros*. Tu sais où je pourrais les trouver ?

– On va à Manaus, martela Irma. On prend le bateau qui va à Manaus, Joa.

– Bien sûr, je sais, dit Andrès. Je connais les bars, les endroits. Je sais parfaitement. Il avait de nouveau laissé tomber son sourire et examinait Joa avec un mélange d'intérêt sournois et d'appréhension prudente.

– Conduis-moi, demanda Joa. Montre-moi les *pistoleiros*.

– Et ça ? dit Andrès, désignant le fusil d'un mouvement de menton.

– Ne t'occupe pas. Montre-moi les *pistoleiros*.

– Il est vraiment fou ? demanda Andrès à Irma – puis, à Joa : tu es vraiment fou, mon vieux ? Je t'emmène chez les hommes que tu cherches, et tu essaies d'en tuer un ou deux, c'est ça ? Et alors ? Quand tu te seras fait descendre, toi, qu'est-ce que je deviendrai ?

Il n'attendit pas de réponse, se tourna franchement vers Irma.

– Viens avec moi, mon cœur. Ne reste pas avec le fou, d'accord ? Je peux te faire gagner beaucoup d'argent, et tu pourras prendre un billet de grande classe, sur le bateau. je connais des gens sérieux ici, des caïds, et ils te paieront bien.

Il leva les bras, ondula des hanches et

exécuta quelques pas de danse lascive, piétinant la boue.

Tandis que le garçon parlait, puis dansait, sans plus s'occuper de lui, Joa avait farfouillé mystérieusement dans la poche de son pantalon, d'une seule main... qu'il retira finalement et tendit en direction d'Andrès, poing fermé.

– Voilà, dit-il. Pour toi, si tu me conduis vers les *pistoleiros* des hélicoptères.

Il ouvrit sa main. Andrès cessa de danser, laissa retomber lentement ses bras le long de son corps, émit un sifflement entre ses dents. Joa referma les doigts sur la pépite, grosse comme un quart de tête de punaise, au creux de sa paume.

– Conduis-moi, dit Joa.

L'autre acquiesça. Il fit :

– Il faudra me donner l'or avant, d'accord ? une fois que je t'aurai montré le bar, d'accord ?

– D'accord.

– Alors, viens ! Viens !

Le garçon s'éloigna, et le chien jaune lui emboîta le pas.

– Joa ! dit Irma, empoignant au passage le bras libre de Joa. C'est pour ça que tu es venu ici ? C'était pour ça ? Pour retrouver les tueurs de Sylvano ?

– Sylvano n'a jamais fait de mal à personne, dit Joa. Jamais.

– Est-ce que tu crois que c'est une raison

suffisante pour que les types de l'hélico soient ici ? dans ce trou ? Est-ce que tu as vu un seul hélicoptère, ici ?

– On n'a rien vu de la ville, Irma.

– Tu veux parier ? Tu veux parier cette pépite, Joa ? Tu veux parier cette pépite avant qu'ils te dévalisent ? C'est à Manaus qu'ils se terrent, s'ils sont toujours dans la région, et non pas retournés à l'abri, dans le Sud.

Joa se dégagea doucement – fermement – de la prise serrée des doigts d'Irma sur son bras. Il suivit le garçon et le chien. Quand ils furent éloignés d'une dizaine de mètres, Irma leur emboîta le pas. Elle courut un peu, pour réduire la distance.

8

Le ciel avait flambé très fort, trois bandes rouges au-dessus de l'horizon, et tout s'était éteint en quelques minutes ; le grand incendie céleste, eût-on dit, vaincu au contact des lourds nuages chargés de pluie.

Avec la nuit, la pluie se déversa sur le fleuve et ses rives, sur Itacoatiara, sur la forêt.

Cette ville était la plus grande que Joa avait jamais vue de sa vie – les souvenirs qu'il avait d'autres agglomérations grouillantes étaient faussés par les effets de miroirs grossissants de sa petite enfance.

Ils suivirent Andrès à travers un dédale de venelles étroites, quadrillant ce quartier de baraques branlantes dans lequel la poursuite les avait déjà jetés une fois. Autant que possible, ils se déplaçaient à l'abri des auvents, mais ne purent échapper aux goulottes de fortune avec leurs cataractes tombant de n'importe où, ni à la boue du sol. La pluie dégringolait en rideaux serrés. Elle eut tôt fait de transformer les ruelles en torrents.

La plupart des occupants de la *favela* étaient des mulâtres et des Noirs – on les voyait par les fenêtres et les portes ouvertes, rassemblés autour d'une table, regardant la télévision qui ne manquait pas de trôner en bonne place dans chaque taudis ; ou bien ils se tenaient sur le seuil, conversant d'une baraque à l'autre, fumant des cigarettes et contemplant la pluie éclairée par les ampoules électriques. Au passage du groupe, ils lançaient parfois une plaisanterie qui visait la démarche de Joa, ou la silhouette d'Irma.

Plus d'une fois, Andrès marqua un temps d'arrêt près de tel ou tel groupe rassemblé devant une porte ; il échangeait avec eux quelques mots chuchotés, incompréhensibles, ou encore une mimique rapide, un hochement de tête. Il semblait effectivement connaître ce secteur comme sa poche, et jusqu'au dernier de ses habitants. Le chien jaune suivait, trempé.

Il était toujours là, un peu plus tard, quelques mètres derrière le trio, quand celui-ci remonta une rue plus large. L'endroit méritait davantage le nom de « ville ». Il y avait des trottoirs, des voitures garées - parmi elles des épaves totales définitivement immobilisées - et d'autres qui roulaient. Les lumières des phares, celles des enseignes électriques accrochées aux façades, rendaient la nuit plus lumineuse et plus colorée que le jour. Cet univers-là était tout à fait nouveau pour Joa et Irma, qui avançaient à pas prudents, écarquillant les yeux et oubliant de refermer la bouche...

Une voiture remplie de policiers remontait la rue de latérite. Andrès se plaqua contre Joa, faisant écran à la voiture, qui passa. Il expliqua qu'on ne savait jamais, avec les flics, qu'ils pouvaient trouver étonnant que Joa se promène avec ce fusil « en pleine ville ». Un peu plus tard, il s'arrêta devant une façade sans auvent, où trois marches de pierre menaient à l'entrée d'un bar.

– Peut-être qu'on va savoir, ici, dit-il à Joa. Je connais quelqu'un qui nous dira où on peut les trouver. Donne-moi la pépite, maintenant, d'accord ? Comme tu me l'as promis.

Joa émit un son qui ressemblait à un rire tranquille. Il dit :

– Montre-moi celui qui sait où se tiennent les *pistoleiros*.

Andrès lui renvoya le même gloussement plat. Il fit le geste de le suivre, mais ne poussa pas la porte du bar, tourna les talons, et les entraîna dans le proche passage qui donnait sur une arrière-cour. Des ampoules en guirlandes éclairaient l'endroit, accrochées sous de larges avant-toits de bâche. La plus vaste de ces vérandas de fortune prolongeait une salle remplie de gens, de musique, de rires et de cris. Il y avait des tables sous la véranda, et des bancs, occupés par des buveurs qui frappaient dans leurs mains. Des chiens allaient et venaient, boueux, moroses.

– Venez, dit Andrès.

Il leur désigna une table, sur le bord de la « véranda » bâchée. Du geste, Andrès les invita à s'asseoir.

Il s'éloigna et disparut dans la foule tapageuse, à l'intérieur de la maison.

Joa s'assit d'une fesse à l'extrémité du banc. Irma resta debout, mais quand elle s'aperçut qu'elle attirait les regards essentiellement masculins de l'environnement, elle s'assit elle aussi. Elle se pencha vers Joa et dit :

– C'est ici que tu penses trouver les hommes de l'hélicoptère ? Ici ?... Joa, qu'est-ce que tu cherches ?

– Il a dit qu'il allait demander à...

– Mon pauvre Joa, il sait maintenant que tu as de l'or dans ta poche, comme en ont tous les *garimpeiros !* Qu'est-ce que tu crois, mon pauvre vieux ?

Son regard se figea un instant sur un point,

par-dessus l'épaule de Joa, puis redevint clair et brillant quand elle le reposa sur lui – et elle dit :

– Là-bas, ne te retourne pas, il y a ce garçon qui était avec Andrès. Un de ses amis de tout à l'heure... Il leur a dit de partir et ils sont venus ici, et c'est ici qu'il nous a emmenés, Joa, tu comprends ? C'est un piège.

Il avait compris.

– Viens, dit-elle sans presque desserrer les dents.

Il se leva. Elle lui prit la main et ils quittèrent la « véranda » le plus naturellement possible, traversant la pluie étincelante et opaque. Quelqu'un, derrière eux, cria – les appela ? Ils se mirent à courir.

Ils parcoururent plusieurs kilomètres dans les rues d'Itacoatiara, principalement celles qui n'étaient pas trop éclairées, n'osant pas s'aventurer au cœur du flamboiement, ni davantage errer dans les ténèbres trop facilement assassines.

Au milieu de la nuit, ils purent atteindre le quai d'embarquement des bateaux de voyageurs. Depuis une heure, environ, il avait cessé de pleuvoir ; on apercevait des poignées d'étoiles par les trouées dans les nuages. Du fleuve étalé sous la nuit, montait la fraîcheur et le grand chuintement de l'eau vivante.

Mais ce qu'ils virent d'abord, en arrivant

sur la jetée, ne fut pas le bateau éclairé par les fanaux du quai, le bateau à coque basse comme une grande et belle maison, avec ses trois ponts superposés et les passerelles, les promenades protégées par des vérandas de bois blanc ouvragées. Ce fut le chien. Jaune, avec des taches blanches et sales.

Ils se cachèrent dans l'encoignure d'un hangar, parmi les ballots de matière cotonneuse et les caisses recouvertes de feuilles plastifiées.

Bien sûr, les silhouettes désœuvrées qui se mouvaient aux abords de la passerelle d'accès du bateau, qui s'agitaient autour des baraques de viandes grillées et de vente de billets, pouvaient fort bien n'avoir jamais entendu parler d'un jeune garçon avec un fusil et des pépites dans sa poche, qu'accompagnait une jeune fille en jeans et T-shirt rouge... Bien sûr, ce chien jaune pouvait être un autre chien jaune...

Irma ne disait plus rien, les lèvres serrées sur une moue réprobatrice. Elle était fatiguée, elle avait sommeil...

Là-bas, sur le quai, un homme solitaire dansait et parlait à son ombre, ivre sans doute, ou bien fou, vêtu d'un costume blanc dont il portait la veste aux pans flottants sur son torse nu. Longtemps, Joa regarda l'homme gesticuler... Et puis, Irma se fit pesante contre son épaule, sa respiration régulière lui chatouillant le cou, dans l'entrebâillement de son col de chemise.

Il sursauta. Lui aussi s'était assoupi. Il s'éveilla en même temps qu'Irma. Les cabanes à *churrasco* et les *pastelarias* dressées sur le quai d'embarquement étaient envahies par un groupe bruyant d'*Américanos*, hommes et femmes, vêtus de couleurs vives, qui parlaient fort et riaient haut, comme si la nuit n'appartenait qu'à eux – ils achetaient des brochettes *churrascos*, des *cochinhas*, des *empadinhas*, qu'ils dévoraient en poussant des cris gourmands.

Les ponts du bateau étaient allumés. Sur le premier, on voyait des hamacs tendus, tenant lieu de cabines, et dont quelques-uns semblaient occupés.

Le quai, apparemment, ne comptait plus d'autre animation que ces *turisticos* et les vendeurs de beignets fourrés qui officiaient vingt-quatre heures sur vingt-quatre. Toute cette agitation pour le bateau en partance pour Manaus – ainsi que l'indiquait la pancarte des départs.

– *Ouro*, dit Irma poussant Joa du coude. Donne-le moi.

– Quoi ?

– L'or que tu étais prêt à donner à ce garçon, donne-le moi. Il te l'aurait volé, de toute façon. Cette pépite et les autres.

Joa n'hésita qu'une fraction de seconde

avant d'obtempérer. Il tira de sa poche le tube d'aspirine qu'il choqua, après l'avoir débouché, au creux de sa main. Puis il rempocha le tube.

– Il est plein ? demanda Irma.

Un éclat semblable à celui de la pépite allumait son regard... Joa ne répondit pas. Elle saisit la pépite et l'enferma dans sa propre paume. Elle se leva.

– Attends, dit-elle.

Joa la vit courir en direction des *Americanos*, apostropher le premier venu, puis s'enfoncer dans le groupe, avalée...

Il attendit. Il attendit, et plus tard, presque au bout de la nuit, alors que la surface du fleuve commençait de prendre une teinte de métal blême, les *turisticos* à peine moins bruyants montèrent à bord du bateau. Parmi eux, il y avait Irma, que Joa reconnut sans difficulté, dans son T-shirt rouge. Il la vit franchir la passerelle.

Il se mit debout, émergeant au-dessus des caisses, sans toutefois être sûr qu'elle puisse le voir d'où elle se trouvait. Pas une seconde il ne douta qu'elle le savait attentif à un signe, un geste.

Au sommet de la passerelle d'accès, Irma s'immobilisa, tandis que le flot étiré des passagers continuait de monter à bord. Elle inspecta le quai... puis adressa de grands mouvements de bras en direction du hangar...

Et alors seulement, l'éventualité qu'elle eût pu disparaître traversa la tête de Joa. Il souriait à pleines dents, courant sur le quai, vers le bateau.

Elle le vit et cessa d'agiter les bras. L'attendit. Contre la pépite échangée à un des *Américanos,* elle avait deux billets de premier pont - deux hamacs.

Le bateau s'appelait *Paolina do Natal,* il appareilla juste avant l'aube et il allait à Manaus. Le chien jaune n'avait pas reparu sur le quai d'Itacoatiara.

Couché dans le hamac, Joa serra le fusil contre lui et ferma les yeux. Irma avait rejoint les *Américanos* et un groupe d'hommes élégants qui disaient être des guides pour les *turisticos.*

9

Le *Paolina do Natal* remontait le courant boueux à une allure d'escargot, louvoyant pesamment pour éviter les remous et courants de fond qui charriaient des troncs déracinés. Même cette « navigation à risques » n'avait rien de suffisamment excitant, ni de suffisamment pimenté, pour retenir l'attention des passagers qui occupaient le premier pont. Couchés dans les hamacs, ils regardaient défiler l'horizon du fleuve en fumant et buvant, entortillé chacun dans son silence. Ou bien ils dormaient.

Joa sombra dans le sommeil, lui aussi. Il en fut brusquement tiré, un moment plus tard. Le soleil était droit au-dessus du bateau, les ombres tombaient comme des coups de machette. Irma se tenait debout à côté de son hamac qu'elle secouait vigoureusement. Elle avait les yeux marqués par la fatigue, mais qui brillaient pourtant d'une excitation toute nouvelle ; son visage entier était illuminé.

– Tu n'as pas faim ? dit-elle. On peut manger toutes sortes de beignets, sur le deuxième pont. Les *Américanos* nous les paient ! Viens !

Il la suivit.

Les *Américanos* s'appelaient Johnson, ou Jackson, lui Derek et elle Minifred, ils avaient la quarantaine rubescente, gros bien que perpétuellement agités : c'étaient des *Américanos* comme Joa devait en voir des dizaines et des dizaines dans les jours qui suivirent. Comme ils louchaient sur le fusil du garçon, Irma leur dit qu'ils étaient chasseurs de *jacares*. Les *Américanos* rameutèrent des amis, membres du groupe en voyage organisé sur l'Amazone. Ils voulaient voir des *naturals Indios*, mais une chasse aux *jacares* ne leur aurait pas déplu non plus... Ils offrirent des *empadinhas* et des boissons pétillantes, des *vitaminas*, de la bière légère...

Quant aux deux métis élégants au teint jaunâtre, ils se nommaient Félipo et Flint, celui-ci s'exprimant parfaitement en américain. Irma riait souvent très fort en les regardant, ou bien elle se contentait de les regarder en silence, l'un ou l'autre, mais presque tout le temps.

Joa redescendit prendre sa place dans le hamac du premier pont. Il avait trop mangé. En temps ordinaire, un seul de ces *empadinhas* accompagné d'une poignée de riz ou d'un peu de bouillie de manioc lui eût suffi pour la journée.

Ici, les passagers écoutaient le poste de radio de l'un d'entre eux. À l'autre extrémité du pont, un homme extraordinairement maigre, accompagné d'une fille extraordinairement belle, jouait de la guitare. Joa fit mine de somnoler et regarda longuement la fille entre ses paupières mi-closes. Au bout d'un moment, il sentit des larmes lui noyer les yeux... mais c'était tout le contraire d'une tristesse ; c'était à cause de cette fille tellement belle, dans sa robe de cotonnade décolorée, au milieu de tous ces passagers graves et silencieux. À cause de l'instant.

Irma vint le retrouver ; Félipo, un des deux « guides pour *turisticos* », l'accompagnait. L'homme s'assit dans le hamac de la jeune fille, et celle-ci sur le pont, les jambes croisées en tailleur. Il avait une manière bien à lui de remonter son pantalon clair, pour éviter qu'il poche aux genoux. Il dit :

– Chasseur de *jacares*, hé ?

C'était flagrant qu'il n'en croyait pas un mot.

– Félipo a eu une idée, annonça Irma.

Elle baissa légèrement le ton et raconta « l'idée » qui consistait à organiser des chasses aux *jacares*, pour les *Américanos*, sur un circuit d'*agaripes* et dans un périmètre donné autour de Manaus. Louer quelques pirogues à moteur, quelques barques et plates, et embarquer de gros buveurs de bière avec des fusils et des lampes à piles pour massacrer les petits caïmans. Peu importait qu'ils en trouvent ou non...

– Je ne l'ai jamais fait, avoua Joa.

Il soutint le regard bridé de Félipo, qui ne parut ni étonné, ni déçu :

– Quelle importance, Joa ? Il y a des dollars à gagner. Des dollars américains.

– Je ne suis pas ici pour ça, dit Joa.

– Hu-hu, approuva lentement Félipo, que le refus du garçon semblait décevoir bien moins qu'Irma. Alors, *mi amigo*, pourquoi es-tu ici ? Pourquoi avec ce fusil ? Les fusils, c'est normal dans les mains des chasseurs de *jacares*... et dans les mains de qui, encore ?

Joa ne se fit pas prier pour dire comment Sylvano s'était fait tuer par les *jagunços* de l'homme puissant et inconnu de São Paulo. Le racontant, il réalisa tout à coup que Sylvano devait être mort, vraiment mort, à présent. Il se demanda s'ils avaient fait ce qu'il souhaitait : le brûler et l'enterrer, pour la paix de son *yoshin*... C'était à peu près certain que non. Ils l'avaient plus probablement entortillé tout simplement dans son hamac et jeté au fleuve, où les poissons se chargeraient de lui. On ne retrouve jamais un cadavre dans le fleuve.

– C'est normal qu'un garçon veuille venger la mort de son père, admit Félipo en se levant ; il vérifia que le pli de son pantalon tombait droit.

– Son père ? dit Irma. Son père, c'est un *seringueiro* qui l'a abandonné quand il était tout petit !

– Ah oui ? fit Félipo.

– C'est la vérité, défia Joa. Il s'appelle Chico. C'est un *seringueiro,* oui.

– Chico...

– Chico Mendes, dit Joa.

Félipo plissa les paupières. Il se laissa délicatement retomber assis dans le hamac, faisant face à Joa.

– Bon Dieu, mon garçon, dit-il, je me demande si quelqu'un sait ça... Je veux dire : si quelqu'un sait que ce Chico Mendes a des enfants comme toi, par-ci, par-là, qu'il a abandonnés pour aller faire cette guerre...

– Cette guerre ? dit Joa.

Félipo fermait quasiment les yeux.

– Je ne sais pas pourquoi tu racontes ça, garçon, dit-il. Je ne sais pas pourquoi tu as choisi Chico Mendes... ni ce que vous manigancez, tous les deux...

– C'est lui qui parle ! se défendit Irma. C'est lui qui le dit, pas moi.

Félipo croisa ses doigts, qu'il serra fortement jusqu'à ce qu'ils deviennent rouges, puis blancs.

– Il y a beaucoup d'endroits où tu ferais mieux de ne pas prononcer le nom de cet homme, un communiste, et encore moins te faire passer pour son fils... On parle de lui dans les radios, et dans les journaux...

– Quelle guerre ? demanda Joa. Qu'est-ce qu'il a fait de mal ?

Félipo sourit de travers.

– Quelle guerre ? La guerre de Chico. Lui tout seul à la tête de son syndicat de pouilleux et de *seringueiros* crève-la-faim, contre les *fazendeiros,* les grandes compagnies qui brûlent la forêt et rachètent les petites propriétés... La guerre de Chico Mendes contre la BR 364.

– Qu'est-ce que c'est ?

– Un numéro. Une route. Une route qui devait traverser « sa » forêt et refouler quelques Indios, avec une petite populace de *caboclos* mangeurs de terre... des suceurs de latex...

– Il a empêché que la route traverse la forêt ?

– Il l'a fait, oui. Il a réussi à ce que la Banque Mondiale suspende les crédits... Pour un temps, oui.

Félipo se leva de nouveau.

– Un communiste, mon garçon. Réfléchis bien... Un type qui finira de toute façon par se faire assassiner. Un fou.

Félipo haussa les épaules, sans méchanceté. Il tourna les talons et s'en alla. Passant à côté de la fille si belle, compagne du guitariste au visage de *pistoleiro*, il ne lui accorda même pas un vrai regard.

Irma elle aussi se leva, elle aussi haussa les épaules.

– Un fou, dit-elle. Et toi, tu es fou, pareil. Peut-être que...

Elle le regarda pendant quelques secondes, sans trouver les mots, l'air ahuri. Enfin, elle s'éloigna... puis revint sur ses pas – elle avait le visage plus calme, la crispation des traits effacée.

– Arrête, Joa, dit-elle. Arrête de raconter ça, d'accord ? Il a dit que ce type allait finir par se faire tuer, et toi tu veux te faire passer pour son fils ?... Ne dis même pas n'importe où que Julio Cinquo, ton père, est allé le retrouver, et que tu veux faire la même chose, toi. D'accord ?

– Où est-ce que tu vas, Irma ?

– Là-haut. Je sais où est mon père, moi, et je sais où je ne cours pas le risque de le revoir !

Joa demeura longtemps assis dans son hamac, sans bouger. Quand il finit par croiser le regard vaguement amusé de son voisin immédiat, celui-ci lui tendit sa bouteille de *cachaça*, dans un geste de fraternelle compassion, mais Joa refusa. Il prit son fusil et s'éloigna sur le pont. Il s'accouda à différents points du bastingage, regardant l'eau du fleuve. C'était partout pareil, la même couleur de boue ocre jaune.

Sans doute avaient-ils raison. Sans doute était-il fou...

Plus tard, il monta sur le deuxième pont, où il vit qu'Irma se trouvait toujours en compagnie de Félipo et des *Américanos*. Un des contrôleurs du bateau voulut le faire redescendre, mais les *Américanos* qui l'avaient reconnu intercédèrent.

La chose qui l'intéressa le plus fut ces petits gâteaux salés, dans des soucoupes disposées sur le bar et les tables, et les serviettes de léger papier rose sur lesquelles était dessiné le bateau, avec son nom en arc de cercle, identique dans les signes qui le composaient à celui peint sur la coque : *Paolina do Natal*. Il comprit que toutes ces petites merveilles se trouvaient gracieusement à la disposition des passagers du pont supérieur – et le fait qu'on l'eût accepté ici faisait de lui, pratiquement, un invité. Il empocha quelques serviettes. Après quoi, il découvrit les toilettes et s'y enferma pendant un bon quart d'heure : jamais il n'avait vu un endroit aussi joliment verni, brillant, propre.

Et puis ce fut Manaus, le port, la ville et son marché flottant, toutes ces embarcations colorées flanc contre flanc, reliées par des passerelles de fortune, aux cabines couvertes de palmes, de tôles, de plastique, et les odeurs mélangées, les couleurs braillardes, bavantes, les brouhahas de conversations, de cris, de rires, de musiques, et le foisonnement, le grouillement...

Les *Américanos* s'en allèrent vers leur hôtel. Félipo et Flint invitèrent Irma à se joindre à eux, mais elle refusa et leur dit : « À demain ».

Ils passèrent la nuit dans le *centro*, errant dans les ruelles du port à la périphérie du quartier flottant dont les curieuses maisons possédaient plusieurs niveaux d'habitation, selon la hauteur des crues... Fourbus et éblouis, ils finirent par trouver un endroit sur le quai où Joa déroula son hamac au sol, à l'abri sous une barque à la quille dressée. Ça empestait le poisson, mais c'était tranquille.

Irma lui sourit et se serra contre lui. Elle était douce et tendre, ne lui dit plus qu'il était fou. Elle ne dit rien. Il sourit, lui aussi. Elle ne lui demanda pas ce qu'ils feraient le lendemain, dans quelques heures. À quoi bon questionner le matin avant qu'il se lève ?

Au matin, elle était partie.

Avant même d'être tout à fait réveillé, il savait qu'elle n'était plus là. Ni dans les environs. Il ouvrit les yeux, il vit le fond décalfaté de la barque et les rais de lumière entre les planches courbes. Il savait pourquoi elle était partie, et pourquoi elle ne reviendrait pas.

Bien sûr, le tube d'aspirine ne se trouvait plus dans sa poche.

Joa ne quitta guère le quartier du *centro* de Manaus. Il traîna sur les quais, en évitant les policiers, par réflexe, quand il en apercevait. Son fusil enveloppé dans le hamac pouvait passer pour n'importe quel bâton entortillé dans une toile.

Il travaillait un peu. Il aidait à charger les bateaux de poissons et de fruits. On lui donnait trois pièces ou de quoi manger. Ou alors il allait proposer aux *turisticos* ses services de chasseur de *jacares* ; les *turisticos* refusaient mais lui donnaient parfois un peu d'argent, en riant, pour se débarrasser de lui.

Il fit cela pour elle - ou à cause d'elle. C'était étrange. Il pensait qu'il allait la retrouver, par hasard, bien sûr. Puis il comprit que jamais il ne reverrait, parmi toutes ces couleurs chatoyantes, le rouge particulier et le bleu un peu fané qu'il cherchait.

Alors, il abandonna et fut étonné de n'en ressentir aucune tristesse. Pas plus que lorsqu'il avait compris que le regard de Sylvano posé sur lui était déjà celui d'un mort.

Les paroles de Félipo concernant Chico Mendes, cet homme que son père était allé rejoindre, tournaient toujours, tranquillement, dans sa tête. Il savait où aller.

Le temps, à Manaus, n'avait pas le même goût qu'à *Tierra do Papagaio*. À son arrivée à Manaus, il n'y avait rien dont il eût l'habitude. À son départ, il savait deux ou trois de ces choses qui font que le regard qu'on pose autour de soi a changé une fois pour toutes. Il resta plusieurs jours à Manaus, mais il oublia de les compter.

Un marchand de main-d'œuvre, un *gato*, qui descendait sur un chantier d'entretien de la BR 319 qui va de Manaus à Humaita, accepta de l'emmener dans son pick-up Toyota. Cette route-là qui filait grise et rouge dans le soir, Chico Mendes n'avait pas pu en empêcher la construction – elle filait vers lui.

Il se mit à pleuvoir. Joa déplia une partie de la bâche qui traînait dans la caisse du camion et s'en fit une tente. Il écoutait la pluie frapper la toile épaisse, regardait défiler les murs de la forêt, et il se disait que les événements s'étaient produits de bien curieuse façon, en vérité. Comme s'ils ne le concernaient pas tout à fait. Comme s'ils étaient déjà joués, offerts à sa portée, et qu'il eût suffi d'en choisir quelques-uns ici et là pour se les approprier.

10

La forêt dressait son double mur opaque de chaque côté de la route. En début de nuit, ils croisèrent quelques camions, quelques pick-up et deux ou trois voitures aux phares astigmates, et par la suite, plus rien. Les ténèbres n'étaient pas absolues. Des rousseurs ourlaient le lointain et se réverbéraient sur l'écran des nuages : les brûlis n'avaient pas attendu la saison sèche pour dévorer les taillis imbibés qu'on aspergeait de fuel.

Sur le bord de la route, s'élevaient de loin en loin des baraquements de *caboclos* repoussés là, comme partout, par les *fazendeiros.* Attirés par la construction de la route et la perspective de voir s'implanter la civilisation sur son tracé, ils s'étaient imaginé pouvoir exploiter des terres riches pour presque rien – c'était ce qu'on leur avait dit – et se retrouvaient en lisière de la jungle vorace, cultivant de maigres lopins qui ne les nourrissaient même pas, à la merci de prédateurs combien plus féroces que ceux de la sylve. Ils s'étaient réfugiés ici, sur ces bandes de terres gouvernementales qui suivent les voies de communication, attendant l'occasion qui les lancerait vers un nouvel espoir de survie correcte, ailleurs, s'ils en avaient encore la force, s'ils n'étaient pas tout à fait épuisés ni rongés par la famine et la malaria...

Le camion s'arrêta plusieurs fois devant une de ces baraques. Il en sortait un homme qui grimpait dans le pick-up. Le premier ne regarda pas vraiment Joa. Quelques kilomètres plus loin, le second ne regarda ni Joa ni le premier homme, et ainsi de suite. La caisse du véhicule fut bientôt pleine de passagers brinquebalés, englués dans une même somnolence et un même mutisme ; alors, le camion stoppa devant une dernière baraque.

Il était minuit passé. Loin, à l'est, la nuit rougeoyait violemment. Une odeur d'incendie planait, âcre et prenante. Des bancs de fumée achevaient de se déchirer en rampant au sommet des arbres, ce qui n'empêchait pas les nuées de *borrachudos* affamés et irritants.

Le conducteur du camion vint prévenir ses passagers qu'il faisait une halte, pour dormir.

La baraque n'avait que trois murs de planches solides, le quatrième tendu d'une bâche. Un feu brûlait à l'intérieur, et deux lampes à pétrole étaient suspendues à la poutre faîtière. En plus du fourneau de fonte à foyer ouvert, la cabane abritait quelques caisses et deux rangées de hamacs. Un couple tenait cet « établissement » de repos, que le conducteur du camion devait bien connaître ; il appelait l'homme Joao et la femme Inès.

Personne - ni le conducteur, ni le couple - n'invita les passagers à descendre, mais certains le firent pour aller prendre place dans les hamacs. Joa était du nombre.

Le conducteur vint s'asseoir à côté de lui et lui offrit une cigarette américaine. Sans doute connaissait-il l'histoire des autres, qu'il emmenait vers le chantier d'entretien de la route, et sans doute Joa était-il le seul nouveau. Il lui demanda son nom, dit que les gens le surnommaient, lui, « Gato ». Il ramassait les rats, dit-il, et les emmenait se faire manger ailleurs. Il acheta deux parts de haricots et de riz, en tendit une à Joa et dit : « Mange ».

Joa prit la gamelle et mangea. Quand il eut terminé, il raconta.

Bien sûr, il prononça le nom de Chico Mendes, et celui de son père aussi, devinant qu'ici le lointain conseil de prudence, un rien acide, de Félipo, sur le bateau, n'avait plus aucune raison d'être. Et cette nuit-là, remplie de moustiques et de senteurs de feux, l'homme qu'on surnommait Gato lui parla de Chico, lui aussi, et d'un certain Darly Alves. Ils étaient une dizaine à l'écouter, mais c'était principalement à Joa qu'il s'adressait - car si le Gato connaissait l'histoire de chacun, ils avaient certainement eu droit à son discours plus d'une fois...

- Tu n'as jamais entendu le nom de ce type-là ? Alves. Darly Alves Da Silva.

Joa fit non de la tête.

- Quelque chose va exploser, et peut-être dans pas longtemps, dit le Gato. Là-bas, du côté de Xapuri. C'est là-bas que Chico s'est installé, avec son syndicat du caoutchouc. Xapuri, c'est son village. Tu sais lire, gamin ?

Joa fit non de la tête.

- Tu devrais apprendre. Moi, tout ce que je sais, c'est pas seulement ce que j'ai entendu, les mensonges comme le reste, c'est ce que j'ai lu dans le *Jornal do Brasil*. Et ce qu'il y a dans ce journal, c'est les paroles de Chico.

- Qu'est-ce qui va exploser ? demanda Joa.

Gato leva vers lui son œil noir, comme un éclat de charbon serti de rides fripées.

– La situation, dit-il. Tout simplement la situation, et cet affrontement, et la tension qui est en train de grossir comme un crapaud qui se gonfle. Cette tension entre Chico, avec ses *seringueiros*, et les *fazendeiros* de l'UDR. Entre Chico et ce type, Alves Da Silva... Mendes a discuté avec ceux du gouvernement ; il n'arrête pas de discuter avec eux, et avec ceux de l'Institut brésilien du développement forestier. Ils ont convenu de secteurs à protéger, qu'ils appellent des réserves d'extraction. Tu peux lire tout ça, dans le journal.

Joa fit oui de la tête.

– Une de ces zones est celle de Seringal-Cachoeira, c'est près de Xapuri. Elle est bien sûr revendiquée à la fois par Chico, et par Darly Alves Da Silva, qui veut l'exploiter pour son compte. Après les crues, quand le soleil est revenu, Alves a engagé des bûcherons, avec des contrats de déboisement, et aussi des hommes de main. Dans le même temps, les *seringueiros* décrétaient Seringal-Cachoeira réserve d'extraction... Il y a eu des affrontements... Si ton père a rejoint Chico, comme tu le dis, mon garçon, alors il doit se préparer à se battre pour de bon. Si ton père est un ami de Chico, c'est un brave homme, parce que Chico est un brave homme. Il aurait pu vivre sa vie comme n'importe quel *seringueiro*, et finir sous la morsure d'un serpent, bouffé par les mygales... Il parle pour les autres, pour la forêt, depuis des années, parce que sans la forêt, lui et des centaines d'autres, des milliers, crèveront comme des chiens.

– Et ce Darly Alves ? demanda Joa. Qui est-ce ?

Gato le lui dit. Darly Alves Da Silva et ses fils, propriétaire de la *fazenda* Parana, au fond de laquelle il se cachait... poursuivi par la police fédérale de la province du Parana, d'où il venait et où il avait été accusé de meurtre et d'escroquerie... L'ennemi de Francisco Mendes. Un de ceux que soutenait l'*Uniao démocratica rural,* pour qui la forêt n'était qu'un obstacle à brûler, afin de pouvoir y semer leurs hectares de soja et y faire paître leurs troupeaux de zébus...

L'ennemi – ou qui lui ressemblait sans aucun doute trait pour trait – d'un petit *posseiro* tel que Vinc, d'un malheureux *vaqueiro* sans cheval tel que Sylvano...

Joa ne dormit pas cette nuit-là.

Ils arrivèrent au chantier dans le milieu du lendemain. Les fumées stagnantes des incendies environnants voilaient la lumière du soleil. Le vacarme des engins fouisseurs qui redressaient les bas-côtés de la route emportés par les pluies torrentielles montait comme un tonnerre grondant au ras de terre. L'agitation « ferraillante » et rouge lançait des vibrations jusque dans la moelle des os.

Des hangars de tôle semblaient avoir été posés comme des boîtes, dans une clairière en bordure de la voie d'asphalte défoncée. C'était une clairière récemment ouverte dans les repousses : des troncs dessouchés, mi-calcinés, avaient été charriés à la périphérie à coups de tracto-bulls, formant une barrière hérissée et noire. Ces hangars abritaient une centaine d'ouvriers « à demeure », ainsi que l'outillage. Il y avait aussi une baraque de filles venues de Manaus, un peu à l'écart, ceinte d'une triple barrière de barbelés.

Une odeur de goudron chaud planait, comme une première couche en dessous de toutes les autres senteurs, montant des machines qui coulaient le revêtement fumant.

Gato appela Joa alors que celui-ci, avec le groupe des passagers du camion, se dirigeait vers le chantier.

– Tu vas travailler ici ? interrogea-t-il en plissant les yeux dans la lumière irréelle.

Joa acquiesça. Il s'appuyait sur son fusil enveloppé dans le hamac.

– Combien de temps ? dit Gato.

Il plissa les yeux davantage et suivit l'atterrissage d'un petit Cessna, sur la piste improvisée dégagée au bulldozer, parallèle au tracé de la route, à une trentaine de mètres au-delà du campement des ouvriers. Un homme vêtu d'un pantalon battle-dress et d'un maillot de corps absolument crasseux s'approchait du pick-up en agitant la main.

– Le temps de gagner un peu d'argent, dit Joa. Pour descendre plus bas.

L'homme en battle-dress était là. Il serra la main de Gato.

– Bon Dieu, dit Gato, en plaisanterie, s'adressant à Joa et à l'homme en même temps. Tu sais combien ce salaud te donnera, pour une journée de dix heures à pelleter des cailloux et de la boue ?

– Espèce de pauvre type, Armando de mes deux, dit l'homme en battle-dress, tout en essayant de tordre la main de Gato hors de la portière.

Joa recula prudemment de deux pas. Mais les deux hommes jouaient.

Le petit avion s'immobilisa en bout de piste, derrière le camp.

– Voilà ce qu'il te faudrait, dit Gato, désignant l'avion. Si tu avais de l'argent pour ce pirate.

– J'ai de l'argent, dit Joa.

11

– Quel argent ? s'étonna Feirra, le journaliste. Combien crois-tu que ces types-là demandent pour un embarquement de passager ? Pas moins de mille dollars, au bas mot, mon petit vieux.

La chambre qu'il occupait, au Dovera Hôtel, se trouvait au rez-de-chaussée, derrière la grande salle du café et contiguë aux cuisines. La fenêtre unique donnait sur la forêt, à moins de dix mètres, et l'extrémité de la piste d'atterrissage avec la carcasse de l'Antonov Colt émergeant des bambous et palmettes. Une odeur de friture suintait sur les murs de panneaux mal joints, collait aux gestes, et même, eût-on dit, aux paroles. La musique et les conversations qui remplissaient la salle de café s'infiltraient par bribes, en rafales, à travers les cloisons, ou bien encore passaient par la fenêtre.

– J'avais de l'argent, répondit Joa. J'avais mille dollars, et peut-être même plus.

– Peut-être même plus...

– J'avais un fusil, dit Joa. Aujourd'hui, je ne l'ai plus. C'était encombrant. Je l'ai échangé contre ça.

Il tapota la crosse du 38 qui dépassait de sa ceinture. Neuf personnes sur dix, sur la piste et le *garimpo,* étaient armées. Ici, chacun était sa propre loi, soumis prioritairement à celle qui les enchaînait tous : survivre. Et cette sujétion, comprise et acceptée, brillait au fond des yeux noirs de Joa, tandis qu'il désignait la crosse de son revolver.

– Et c'était un fusil qui valait mille dollars ? dit Feirra le journaliste.

– Exactement. J'y avais mis l'or que Sylvano m'a donné. Je suis allé dans les toilettes du *Paolina do Natal,* pour faire ça. Un très bel endroit. Tu le connais ?

– J'imagine...

– Je suis allé là. J'ai vidé l'or du tube d'aspirine, je l'ai mis dans deux serviettes de papier doux, j'en ai fait comme une bourre, un bouchon, que j'ai caché dans le canon du fusil. (Il fit le geste d'ouvrir et refermer une culasse.) Dans le tube, j'ai mis des morceaux de savon et de biscuits salés, et le tube dans ma poche. Je savais qu'à la première occasion, elle ne résisterait pas. Je ne me doutais pas que ça se passerait si vite, c'est tout...

– Quand elle s'en est rendu compte, elle aurait pu chercher à te retrouver, non ? T'envoyer ses nouveaux amis.

– Elle n'est pas comme ça, dit Joa.

Cela fit sourire Feirra.

– Alors, dit-il, celui qui t'a vraiment volé, finalement, c'est le pilote de l'avion.

– Voilà, oui, acquiesça Joa. Sur le chantier, le Gato m'a dit que celui-là m'emmènerait où je voudrais, si je le payais. J'ai vu le pilote et je lui ai montré cet or, dans le fusil, et il a dit : « O.K. pour Xapuri. » Il a pris d'autres passagers sur le chantier, et c'est à cause d'eux qu'il a fait cette escale ici, à Dovera. Il m'a dit : « Ne t'inquiète pas, on repart demain. » Il est reparti, oui, mais tout seul. On m'a dit qu'il avait perdu beaucoup d'argent, et mon or avec, ici, à côté, dans la salle du bar. Et voilà.

– Tu attends qu'il revienne ?

– Au début, j'ai attendu... Ensuite... j'ai échangé le fusil contre le revolver.

– Tu as faim ? demanda Feirra, se levant de sa chaise qu'il repoussa contre le mur.

– Un peu. Joa regarda sa boîte de bière. Pourquoi vous faites ça ?

Le journaliste écrasa la boîte de bière entre

ses doigts courts et épais, la laissa tomber au sol. Il alla se planter devant la fenêtre. L'éclairage de l'extrémité de la piste dessinait des angles étincelants à la « vieille » épave d'avion fichée dans le front de jungle. Des myriades de petits papillons s'agglutinaient contre le treillis du rideau-moustiquaire.

– Pour te rendre service, bien entendu, sourit Feirra. Sérieusement, je le fais parce que c'est une belle occasion, pour moi aussi... Tu veux venir manger quelque chose, à côté ? Je t'invite. On bavardera. D'accord ?

– Qu'est-ce que ça veut dire, « une belle occasion » ? demanda Joa.

Feirra le journaliste donna de petites pichenettes contre le fin grillage du rideau, pour ennuyer les papillons.

– Demain, dit-il, un pilote doit me prendre à son bord et m'emmener à rio Branco. C'est l'idée que j'avais en tête : un reportage sur Mendes avant qu'il ne soit trop tard... Jusqu'à ce soir, j'hésitais, à peser le pour et le contre, à me demander si, finalement, je n'allais pas d'abord écrire ce papier sur les *garimpeiros* à travers le pays... Et puis je te rencontre, et je me dis que des signes comme ça, il ne faut pas les laisser passer. Tu es une trop belle histoire pour que je ne l'utilise pas... Et ça te rendra service, non ?

– Je suis une trop belle histoire ? s'esclaffa sourdement Joa, étonné.

Feirra quitta la fenêtre et sa moustiquaire recouverte de papillons imperturbables.

– Des papiers sur Francisco Mendes, dit-il en passant sa veste aux innombrables poches sur ses épaules, tous les journaux en ont publié, ou en publieront... Mais toi, tu es le jeune garçon qui recherche son père et qui veut rencontrer Chico Mendes. C'est bon... Pour *Manchete,* c'est même tout à fait bon et qui plus est, c'est vrai. Tu comprends ?

– Je crois que oui.

– Alors, je t'offre mon aide. Je t'offre le transport jusque là-bas. En contrepartie, évidemment, je te suis, je reste avec toi. Je facilite ton approche de Chico... et tu me laisses être le premier témoin de ce que tu vis.

Joa ne répondit pas immédiatement. Il tournait et retournait tout cela dans sa tête, cherchant la faille... Dans l'immédiat, il ne trouva rien. Au contraire.

Ils parlèrent beaucoup de Chico Mendes, à cette table qu'ils occupaient au centre de la salle, où les avaient rejoints Ernesto le dentiste et un type au teint malade. Un vacarme tranquille bruissait autour d'eux. La piste était encore éclairée, bien qu'on n'attendît plus d'avions, généralement, après le coucher du soleil. Véronica, qui percevait les taxes d'atterrissage et délivrait les autorisations de vol, se trouvait au bar en compagnie de Manolo Desterro - propriétaire de la piste, de la maison des filles, de l'hôtel et des deux tiers de Dovera, au moins...

On leur servit de la purée de manioc, du riz au piment et du ragoût de *pirarucu*, le tout arrosé de bière en boîte. Feirra mangeait à peine, du bout de ses lèvres plates... mais semblait capable de boire des litres de bière. Ernesto le dentiste et son compagnon au teint malade avaient commandé de la *cachaça* et des citrons.

Au début du repas, la conversation rebondissait principalement entre Joa et le journaliste, ce dernier posant des questions de journaliste. Joa y répondait. Il dit depuis combien de temps il se trouvait sur le *garimpo*, pour qui il travaillait, dans quelle fouille en pleine forêt, combien de sacs de terre boueuse il se coltinait par jour - ils extrayaient à la main en attendant que le *garimpeiro* se paie une souffleuse hydraulique... Feirra écoutait tout cela d'une oreille apparemment attentive, ce qui ne l'empêchait pas d'être à l'affût de tout ce qui se déroulait à portée de vue et d'ouïe. Son regard filait dans toutes les directions à la fois, eût-on dit, entre ses paupières lourdes et plissées. Par exemple, sa pupille s'alluma quand il suivit la sortie de Véronica et Manolo Desterro.

La seule question que posa Joa fut celle-ci :

– Pourquoi tu dis toujours : « Avant qu'il soit trop tard », pour Chico ?

Feirra posa devant lui, à la place de son assiette écartée, sa boîte de Bud américaine aux deux tiers vide, et il la fit rouler entre ses paumes.

– Il va mourir, dit-il. Il le sait. Tout le monde le sait. La police fédérale, la police d'État, tout le monde. Pas une personne qui ne sache ce qui va se passer... Le temps de *l'empate** est fini, et ça, Chico le premier le sait.

– Quel « match nul » ? demanda Ernesto, le dentiste.

Feirra eut un petit rire intérieur, mais sans joie.

– C'est sa manière, dit-il. J'imagine qu'il pourrait en trouver une autre... mais non. J'imagine qu'après que l'Organisation des Nations unies lui ait décerné un prix l'année dernière, il aurait pu persévérer dans ces sphères-là, à cette hauteur-là... Mais non. Il est redescendu sur la terre pour laquelle il se bat, et sa manière, c'était ça : l'*empate*. Quand les grands propriétaires se sont déchaînés en envoyant leurs équipes de bûcherons, d'incendiaires à l'assaut de la forêt, les *seringueiros* ont fait de la résistance passive, et ça a marché. Des dizaines et des dizaines de

* *Le match nul.*

familles se sont installées sur les terres pour en empêcher le défrichement. Match nul. L'*empate*, pour un temps... Mais maintenant, ce n'est plus possible. Les grands propriétaires sont trop énervés, et ils sont soutenus par l'UDR. Tous prêts au meurtre.

– Ils ne le tueront pas, dit Ernesto le dentiste. C'est un homme qui est soutenu, lui, par une organisation mondiale comme...

– Chico pourrait boire sa *cachaça* à la même bouteille que le pape, ça ne changerait rien, rétorqua Feirra. Les gros *fazendeiros* s'en fichent bien. Chico le sait. Depuis des jours, des dizaines de *pistoleiros* tournent autour de lui, là-bas, à Xapuri, à rio Branco... Est-ce qu'on a vu, déjà, un tueur à gages ou un *fazendeiro* accusé de meurtre ? Le président du syndicat agricole de Pancas a été abattu en février de cette année – qui s'en souvient ? Il avait reçu des dizaines de menaces, et notamment d'un *fazendeiro* qui lui conseillait de commander son cercueil s'il l'attaquait en justice. Même l'évêque de rio Branco est sur la liste des caïds.

Il écrasa lentement la boîte, et la bière coula de l'orifice sur ses doigts. La télévision braillait, le juke-box aussi. Un flipper bancal secoué par une forte femme ahanait des soupirs de métal cliquetants. Les exclamations des hommes écrasés de fatigue et d'ivresse, les rires des filles, claquaient dans les couches superposées de l'atmosphère épaisse.

– C'est pourquoi il faut se dépêcher, reprit Feirra. Le monde entier sait bien qu'il va mourir, et personne ne peut l'empêcher. Il veut vivre... mais il a tout fait pour mourir, et surtout cette réserve protégée, pas loin de Xapuri. Seringal-Cachoeira. Il y a une cinquantaine de familles réunies en coopérative, qui vivent sur 40 000 hectares et récoltent la *borracha*. Il ne se passe pas une semaine sans que les hommes de main payés par l'UDR tentent d'y mettre le feu. C'est la guerre, déclarée par des hommes comme les frères Alves. On n'empêchera pas que Mendes soit abattu, par un tueur ou un autre, et ce n'est pas la protection demandée à la police qui changera quoi que ce soit.

Feirra sourit, sans aucune gaieté. Il avait trop bu de bière et de *cachaça*. Relevant la tête, il regarda Joa qui lui faisait face.

– Mon petit vieux, dit-il, c'est ça que tu devrais faire, avec ce revolver à ta ceinture... Xapuri, en ce moment, c'est tout simplement un pays de cocagne pour les *pistoleiros*. Toute la province de l'Acre. Ils offrent cinq cents *cruzados* pour sa mort. Cinq cents *cruzados* : le prix d'un syndicaliste écologiste célèbre, au cours d'aujourd'hui...

Joa ne répondit pas – ne répondit rien. Feirra détourna les yeux.

– Je plaisantais, dit-il. Ne t'en fais pas. Je t'emmène. Demain, tu monteras avec moi dans l'avion de Jorge Meijido, alias « la Casquette »... Pas vrai ?

– Sûr, approuva Ernesto, avec un grand sourire marqueté de dents en or. La Casquette, oui, c'est ça, *periodista*.

– Joa, mon petit vieux, nous nous envolerons pour cette sacrée province de l'Acre. Tu me crois ?

– Si, dit Joa, pratiquement sans bouger les lèvres.

Autour de lui, ils riaient tous. Il était le seul à présenter un visage impassible, fermé. Il dit :

– Ce que je pourrais faire, quand j'aurai retrouvé mon père, c'est travailler moi aussi avec ses *seringueiros*, dans cette réserve protégée. Ou bien... Il a besoin de gardes du corps, non ? Si la police refuse de le protéger et si tous ces tueurs vont à Xapuri...

Feirra eut un grand sourire silencieux. Il se renversa sur sa chaise, ferma les paupières... Revenant à sa position première et rouvrant les yeux, il trouva encore le regard noir de Joa, droit devant lui, et qui ne cillait pas.

– Après tout, souffla le journaliste, pourquoi pas ?

Le premier étonné, sans doute, d'avoir prononcé ces mots-là avec sincérité.

12

Une averse s'abattit sur la piste et la forêt, gribouillant des halos aux ampoules qui se balançaient sous les auvents des baraques. La pluie frappait rudement les tôles des toits, éraillait en rafales la musique qui s'élevait de l'établissement des filles, dans son enceinte grillagée, face à l'hôtel. Des types en sortaient, qui oublièrent de fermer la porte de la clôture derrière eux, et plongèrent sous le déluge en titubant.

Dès le lendemain de son arrivée, qui remontait à quelques semaines, Joa s'était installé dans un des abris du bout de la piste appartenant au propriétaire du *placer* pour qui il se colletait des sacs de terre boueuse dix heures par jour. Mais cette nuit, au sortir du Dovera Hôtel, il ne remonta pas la piste défoncée de nids de poules et d'ornières. Aujourd'hui, Joa savait que ce qui vous est offert trop facilement risque de se révéler piégé. Savait qu'avec le sucre on camoufle le poison.

Il fit le tour de l'hôtel et se posta en lisière de forêt sous les larges feuilles d'un bananier et à moins de dix mètres de la fenêtre de la chambre du journaliste. De cet emplacement, il pouvait aussi bien surveiller l'entrée de l'hôtel ; sans parler de pratiquement toute la longueur de la piste (excepté un petit tiers en son milieu, caché par la masse de l'hôtel). Il ne dormirait pas.

L'arrivée de l'avion attendu par le journaliste, la sortie de celui-ci de sa chambre et de l'hôtel, rien ne lui échapperait.

La pluie cessa un peu après le départ du bar d'Ernesto et son ami au teint malade, en compagnie d'un groupe sérieusement ivre. Ensuite, un approximatif silence s'étendit sur la piste et ses bâtiments riverains. Les cris et les rires gras entortillés dans les écharpes de musique s'estompèrent, fondirent, laissant la place aux autres chants et musiques nocturnes de la forêt. Il y avait aussi le bruit des lourdes gouttes d'eau tombant de feuille en feuille au-dessus et autour de Joa. Il était trempé, ses pieds nus enfoncés jusqu'aux chevilles dans l'humus boueux tiède.

Une heure d'attente, environ, et la fenêtre de la chambre de Feirra s'ouvrit, le panneau-moustiquaire fut repoussé. Le journaliste enjamba le rebord de l'ouverture, et, sans hésiter une seconde, se coula le long du mur de l'hôtel, vers la piste.

Joa se dit que pour un homme qu'il avait laissé dans le bar incapable de se lever de sa chaise, celui-ci avait rapidement retrouvé un bien bel équilibre et, apparemment, un sens étonnant de la décision. « Il ne peut pas s'en aller en douce, se dit-il. Pas maintenant. Où irait-il ? Pas un avion ne décollera ni ne se posera avant le jour... »

Il vit Feirra traverser la piste et se diriger vers le bordel, en face de l'hôtel. Il quitta son poste de guet sous le bananier. L'ankylose qui avait noué ses genoux faillit lui arracher un gémissement. À distance respectueuse, il le suivit.

À hauteur du baraquement des filles, le journaliste, cependant, parut ne pas remarquer la porte toujours ouverte dans l'enceinte grillagée : il suivit ce côté du périmètre qui descendait vers le fleuve, disparut à son extrémité, quelque part sur la berge et sous les pilotis de la terrasse en avancée sur l'*agaripe*.

Joa se retrouva stupéfait, au bout de la

piste, figé dans son mouvement. Puis il recula jusqu'à hauteur de l'épave d'avion, dans laquelle une bande de singes rieurs menait grand tapage...

L'aube n'était pas loin de percer, quand le journaliste fit sa réapparition... empruntant le même chemin qu'à l'aller. Et Joa resta pétrifié un instant, persuadé que Feirra l'avait vu, accroupi dans les feuillages en dessous de l'épave de l'Antonov. Mais non. Il marchait vite, retraversa la piste, se glissa le long du mur de l'hôtel et réintégra sa chambre par la fenêtre qu'il avait laissée ouverte.

Un peu avant huit heures, Joa vint s'accouder au bar du Dovera Hôtel. Il était le seul client dans la salle. La serveuse en peignoir lui demanda d'attendre - et il attendit -, lui demanda ensuite pourquoi il ne travaillait pas, ce matin, et il haussa une épaule, ce qui fut une réponse dont elle parut se satisfaire. Elle lui servit le café qu'il avait commandé et qu'il paya avec ses derniers *cruzados* - la boisson amère et bouillante sut faire oublier son prix exorbitant et le revigora.

À huit heures trente, le premier avion tournait au-dessus du *garimpo*. Il survola par deux fois la piste dans sa longueur avant que les « rouleurs de barils » qui dégageaient l'aire de terre battue se mettent à courir dans tous les sens, et que la nouvelle éclate, apportée par une des filles de la maison d'en face.

Immédiatement après, ce fut une grande effervescence... et il fallut trouver quelqu'un d'autre que Véronica pour communiquer par radio avec le pilote de l'avion...

– Est-ce que c'est l'avion de la Casquette ? demanda Joa dans le brouhaha, à quelqu'un qui venait du dehors.

Mais non, ce n'était pas la Casquette. Pas encore. Joa quitta la salle. Le soleil était chaud, la lumière déjà rouge, les moustiques déjà méchants. Sans doute avait-il pris sa décision dès que la fille du bordel avait annoncé la nouvelle. Il tourna l'angle de l'hôtel et suivit le mur, puis il poussa la moustiquaire et la croisée de la fenêtre.

La chambre était vide. L'espace d'une seconde, le cœur de Joa s'embrouilla dans ses battements. Si le journaliste avait quitté la pièce pendant que Joa se trouvait dans la salle du café, ç'avait été en passant une fois de plus par la fenêtre... s'il l'avait quittée depuis que Joa était sorti de l'hôtel, alors il se trouvait à son tour dans la salle... Le rythme cardiaque de Joa s'apaisa : le journaliste ne pouvait être parti, son sac se trouvait toujours dans l'angle de la pièce, sa veste était pendue au cintre.

Joa repoussa tout à fait la croisée et la moustiquaire ; il se hissa sur le rebord de la fenêtre et bascula à l'intérieur.

Il traversa la pièce en quatre enjambées,

jusqu'au sac de marin. Le mousqueton qui fermait les rabats n'était pas bloqué. Le sac contenait des vêtements froissés et sales. Joa plongea la main et trouva, entortillée dans plusieurs chemises, une sacoche de cuir plate. Une goutte de sueur tomba de son front sur le cuir fauve, y posa un rond noir. Ses doigts tremblaient.

Il ouvrit la sacoche, qui présentait deux compartiments. Dans l'un, il y avait des billets de banque, des dollars, et Joa n'en avait jamais vu autant... Dans l'autre compartiment, c'était un revolver à crosse d'ivoire, avec une boîte de balles, et le silencieux dans un petit compartiment adapté.

Joa se dit que puisque l'arme se trouvait là, il ne risquait rien de Feirra. Ses doigts ne tremblaient plus ; ils s'agitèrent même avec une grande précision, vérifiant que l'arme était chargée, que son cran de sûreté était retiré, et vissant le silencieux.

Ses paupières brûlaient, sa vision se troublait, à force de fixer la clenche de la porte. Et la clenche tourna enfin, et la porte s'ouvrit.

– Ha... dit le journaliste.

Feirra s'adossa à la porte. Il garda les mains dans son dos un instant – le temps de verrouiller la serrure ? – puis il se décolla du vantail, fit un pas, s'arrêta. Jeta un coup d'œil à son sac de marin, dans l'angle, comme il l'y avait laissé - fermé - avant de sortir. Regarda Joa.

Joa était assis sur le lit, appuyé d'une main sur le matelas recouvert de draps froissés.

- Quand est-ce qu'il sera là ? demanda Joa.

- De qui parles-tu, mon petit vieux ?

- La Casquette.

Feirra sourit. Il déroula ses manches de chemise, alla prendre sa veste qu'il enfila.

- Son véritable nom est Jorge, Jorge Meijido. Je ne suis pas certain que « la Casquette » lui plaise...

Le journaliste s'appuya négligemment sur le dessus de son sac - Joa fut absolument certain de voir changer son regard, si imperceptiblement cela fut-il.

- J'imagine, dit Feirra, qu'il peut se pointer d'une minute à l'autre. Il eut un véritable sourire chaleureux, dit : Tu n'as pas pris le revolver, mon petit vieux ? Tu n'as pas touché à l'argent ?... C'est très honnête de ta part, tu sais.

- Il y a beaucoup d'argent ?

- Assez. Quatre... cinq mille dollars. Tu n'as pas compté ?

- Cinq mille... dollars ?

- Dollars. Ce sera un acompte acceptable pour un voyage de deux personnes, d'ici à Xapuri... Rends-moi ce revolver, mon petit vieux. Tu veux le revendre pour une poignée de *cruzados* ?

– Véronica est morte, dit Joa.

Feirra referma lentement la bouche.

– Véronica, et aussi Desterro, dit Joa.

Feirra poussa un faible soupir fatigué. Il s'appuya d'une épaule à la cloison, croisa une jambe devant l'autre et mit les mains dans les poches de sa veste.

– C'est ce que j'ai appris, oui, dit-il. On raconte que Desterro faisait des envieux, tu sais ? et que le type qui vivait avant avec cette fille, Véronica, ne lui avait pas pardonné de l'avoir quitté pour un propriétaire de bordel sur un *garimpo*...

– Je t'ai vu, dit Joa. Tu n'es pas un journaliste. Je t'ai vu, cette nuit, tu n'étais pas saoul, et tu es allé au baraquement des filles, là où logeaient Desterro et Véronica. C'est toi, le *pistoleiro* dont ils parlent, qui est venu ici pour les tuer.

Feirra ouvrit des yeux ronds. On aurait parié facilement les cinq mille dollars américains dans son sac sur la sincérité de son étonnement.

– Bon Dieu ! s'exclama-t-il. Tu m'as vu cette nuit, hein ?... Mais j'étais tellement rempli de bière et de *cachaça*, cette nuit, que j'en ai encore la tête lourde...

La peur glacée, sur ces mots, grimpa dans les veines de Joa. Il comprit qu'il devait se hâter, vite, vite, et ne pas laisser cette peur le noyer tout à fait.

– C'est ce que tu es, dit-il. Un *pistoleiro*, comme ceux qui ont mitraillé la maison sur l'île, et tué Sylvano. Tu veux te faire passer pour un journaliste, mais tu n'en es pas un. Tu veux te servir de moi pour approcher Chico Mendes ! Te servir de moi, et le tuer, et prendre de vitesse tous ceux qui sont lancés dans cette course.

– C'est ce que tu crois, mon petit vieux ? dit Feirra.

– Naturellement, je le crois.

– Pour cinq cents malheureux *cruzados* de prime, je ferais ça ? Un syndicaliste ! Ça ne vaut pas la peine, c'est du gibier pour débutant, pour ceux qui ont besoin de se faire la main...

Feirra se tut, leva le menton, écouta. On entendit grandir un bourdonnement de moteur d'avion.

– C'est parce que tu m'as rencontré, moi, que tu as eu cette idée, dit Joa. Quand tu as su que je voulais retrouver Chico pour avoir des nouvelles de mon père. Tu as sauté sur l'occasion.

– Tu le crois, mon petit vieux ? répéta Feirra.

Et il avait un pistolet au poing, jailli de sa poche. Une petite arme dont on entendit à peine la détonation, dans le brouhaha venu de la salle voisine et le tonnerre haché du Cessna qui passait à la verticale de l'hôtel.

Joa se laissa tomber sur le côté – il crut bel et bien sentir le souffle de la balle devant ses yeux –, roula au sol, empoignant le revolver au silencieux sous les draps.

Il vit, surtout, le visage ahuri de Feirra. L'homme vacilla et recula, toucha le mur des épaules, l'une après l'autre, et son chapeau heurta les cintres pendus dans l'angle, et bascula en avant sur ses yeux. La main armée du petit pistolet se leva une seconde fois.

Joa tira encore. Un peu de sang jaillit de sous le menton de Feirra – et puis beaucoup.

Et la pensée qui lui vint, dans ce grand silence chevauchant le brouhaha, l'étrange pensée fut : « Je lui ai sauvé la vie ! » Cette certitude.

De nouveau, il entendit les bruits, alentour, et celui du moteur de l'avion qui atterrissait.

13

L'avion rouge et blanc ressemblait à une bête, son train d'atterrissage comme des pattes aux articulations fléchissantes pour aborder les ornières de la piste.

Dès l'instant où le Cessna toucha le sol, le garçon avait surgi de l'étroit passage entre le Dovera Hôtel et la boutique de quincaillerie, s'élançant sur la piste et courant à toutes jambes derrière l'appareil. Ses pieds nus qui frappaient les flaques faisaient jaillir de grandes éclaboussures jaunes. Le garçon courait, courait, et personne ne lui prêta une attention particulière, parmi tous ceux qui avaient suivi des yeux l'atterrissage. Personne ne remarqua ce que le garçon tenait dans ses mains.

En bout de piste, sur l'aire de parking, l'avion rouge et blanc exécuta une parfaite volte, de telle façon qu'il se trouvait maintenant aligné dans l'axe et quasiment prêt à redécoller quand le garçon, souffle court, arriva à sa hauteur et se planta devant son nez comme s'il avait pris racine brusquement, la poitrine soulevée à un rythme ample, violent. Le pilote qui avait l'intention d'amener son appareil sur le bord de l'aire ne put le faire : il ouvrit la portière du cockpit et cria quelque chose au garçon. Celui-ci se remit en mouvement. Le pilote le regarda tourner devant le nez de l'avion, ouvrir l'autre portière, pénétrer dans la cabine et s'effondrer à son côté.

– Vous êtes Jorge « la Casquette » ? demanda le garçon.

La casquette de yatchman se trouvait sur la tête du pilote qui acquiesça, et qui, à présent, distinguait ce que le garçon tenait dans ses mains : dans l'une le revolver, dans l'autre cette énorme poignée de dollars...

– Combien, pour Xapuri ? demanda le garçon. Vous deviez y aller, et emmener un journaliste là-bas.

– Un journaliste ? fit le pilote.

– Feirra, dit le garçon.

– Feirra... Et où est-il ? Qu'est-ce que cette histoire de journaliste signifie ?

– Il ne vient plus, dit le garçon. Qu'est-ce

que ça peut vous faire ? Mais moi, oui, je viens. Je vais à Xapuri. Vous m'y emmenez. Votre avion peut y aller, je le sais, et vous avez suffisamment de carburant. Vous allez décoller tout de suite.

– Eh ! comment ça, décoller tout de suite ! J'ai un chargement de...

– Vous décollez, et vous m'emmenez là-bas, et là-bas cet argent sera à vous. Il y a cinq mille dollars, là.

– Où est-ce que tu as volé ça, nom de Dieu ! gronda le pilote.

– Décolle, dit le garçon. Ne vous occupez pas de ça. J'ai aussi un revolver, tu ne vois pas ?

Alors, le pilote ne pesa pas plus longtemps que dix secondes le pour et le contre. Il remit en marche les 520 chevaux de ses deux moteurs Rolls-Royce Continental.

Quand le petit avion prit la piste, et tandis que le garçon se glissait sur les sièges des passagers, derrière le poste de pilotage, les premières personnes commencèrent de se répandre à l'autre bout de la piste, face à l'hôtel et au baraquement des filles. Une vingtaine, qui agitaient les bras, courant derrière un homme titubant. Au décollage de l'avion, ils s'aplatirent au sol, dans la boue, mais l'homme demeura debout, lui, vacillant sur ses jambes, couvert de sang. Il montrait les poings au ciel, et il hurlait. Il s'écroula quand le Cessna passa au-dessus de sa tête, comme si le déplacement d'air avait fauché sa rage et ses ultimes forces.

Pendant les trois heures et demie de vol au-dessus de la sylve, Joa raconta son histoire au pilote. Il ne fallut pas longtemps pour qu'ils bavardent comme de vieux amis...

Mais Joa ne lâcha pas les billets, ni le revolver, avant qu'ils se posent à rio Branco.

14

Il pleuvait.

Finalement, après plus d'une heure d'attente, un type aux dents noires et pourries a accepté qu'il monte dans sa camionnette et l'a emmené à Xapuri.

Il faisait nuit quand ils sont arrivés, nuit sur l'église et ses statues de saints en faïence, nuit sur le poste de police aux fenêtres allumées et derrière lesquelles s'agitaient des ombres frénétiques, nuit sur la petite place du village sens dessus dessous. Il faisait nuit, le 22 décembre 1988, et c'était trop tard.

À 18 h 30, ce jour-là, ce 22 décembre, ils ont assassiné Francisco Mendes, qu'on appelait Chico.

C'était un homme de quarante-quatre ans, qu'ils ont tué chez lui, sous les yeux de sa femme, à la barbe des policiers chargés de sa protection et qui se sont enfuis. Les tueurs s'appellent Alves Da Silva, à la solde de l'UDR, et Joao Branco, le leader local, qui pourrait bien être le commanditaire de l'assassinat.

Ils étaient venus des points les plus reculés de la sylve, à pied. Plus de deux cent mille rassemblés ici, au bout du monde, pour accompagner l'homme qu'on mettait en terre.

Parmi eux se trouvait Joa Cinquo, fils de Julio, qui boite légèrement à cause de son pied tordu de *yoshin-vaca.* Dans sa ceinture, un revolver ; dans une poche, un journal qu'il a trouvé, un exemplaire du *Jornal do Brasil,* sur la première page duquel était imprimé le nom de Chico Mendes.

Et Joa savait lire ce nom-là.

Il continuait de penser : « Je lui ai sauvé la vie », malgré tout. S'était mis à croire qu'il n'était pas trop tard.

COLLECTION
Cascade

CASCADE AVENTURE

LES LARMES DE LA JUNGLE
Pierre Pelot

LE MAÎTRE DU SALON NOIR
Michel-Aimé Baudouy

MIGUEL DE LA FAIM
Nicole Vidal

PEUR BLEUE EN MER ROUGE
Jean Guilloré

PRISONNIÈRE DES MONGOLS
Evelyne Brisou-Pellen

LE SERMENT DE SARAH
Jane Yolen

LE SORCIER AUX LOUPS
Paul Thiès

CASCADE POLICIER

L'ASSASSIN CRÈVE L'ÉCRAN
Michel Grimaud

DANS LA GUEULE DU LOUP
Boileau-Narcejac

L'IMPASSE DU CRIME
Jay Bennett

PEINTURE AU PISTOLET
Thomas Garly

SIGNÉ VENDREDI 13
Paul Thiès

LA SORCIÈRE DE MIDI
Michel Honaker

LES VOLEURS DE SECRETS
Olivier Lécrivain

COLLECTION
Cascade

CASCADE 11-12

L'AUTEUR

Pierre PELOT est né en 1945, à Saint-Maurice-sur-Moselle, dans les Vosges. Enfance primaire bouclée par un C.E.P.
Commence alors la période « vache enragée ». À souligner, une compréhension des parents toujours soutenue.
Trois ans à peindre, dessiner, bâtir des scénarios, trois ans à essuyer les refus justifiés des journaux. Envoi d'une bande en quarante planches à Hergé « pour avoir son avis ». Hergé est enchanté... par les textes. Sur son conseil, première rédaction de « texte pur ».
Un premier livre paraît suivi de nombreux autres dont les célèbres : *Les étoiles ensevelies, Fou comme l'oiseau, Le cœur sous la cendre.*
Pierre Pelot a publié plus de 140 livres tant pour enfants que pour adolescents et adultes.

RAGEOT-ÉDITEUR
COLLECTIONS DE L'AMITIÉ

Achevé d'imprimer en juillet 1991
Sur les presses de Maury-Imprimeur S.A.
45330 Malesherbes.
Dépôt légal : juillet 1991
N° d'imprimeur : C91/33944L
N° d'édition : 2115